フロンティアを拓く未来技術

幸福の科学大学が目指す
新たなステージ

近藤 海城
Kaijo Kondo

※幸福の科学大学は2015年4月開学に向けて設置認可申請中であり、
紹介の内容は変更の可能性があります。

まえがき

本書は、「幸福の科学」の教えに理系的思考を交えながら、現代技術、宇宙科学、その先にある未来技術・未来科学などについて語ったものです。

もともと私は、宗教法人「幸福の科学」に奉職し、心の教えを20数年学びつつ、宗教教育に携わってきましたが、2015年4月の「幸福の科学大学」開学のために、2012年4月から手伝うこととなりました。前職では5年ほど半導体関係の研究に従事し、特許なども書いてはおりましたので、途中から理系の学部である「未来産業学部」を重点的に見ることになりましたが、さすがに長いブランクの後で、「理系の人間です」と言うのも恥ずかしいレベルだと自分では思っています。

しかし、「幸福の科学」で続々と発表される科学者や発明家の「霊言」には、発想力、想像力、〝未来力〟が輝いており、その煌めきと、大学関係者の熱意にふれて、短い期間ながらも、未来科学や未来産業に関する夢を膨らませることができました。仕事の合間に先端技術や科学の知見に触れ、未来産業を創造していく期待感も、日に日に強まっていく自分がありました。

本書では、その一部を、「幸福の科学大学・未来産業学部」の構想にも少しふれながら紹介いたします。

幸福の科学で教えを長年、学んできた方々にとっては、理系的観点で教えが解説されるのを、ほとんど聞いたことがないと思われます。私自身も、法の解説者として、そのような説法はほとんどしたことがありません。ですので、本書はおそらく新鮮に感じていただけるのではないかと思います。

一部の専門家からは、厳しい指摘や反論が展開されるであろうことも承知の上で、あえて好き勝手なことを書かせていただきました。これを契機として、未来産業を拓く波が起こればいいのではないかと考えるからです。

第1章では、「幸福の科学」という宗教が、なぜ理系の学部を大学に設けるのかという理由も含め、宗教と科学の問題について概観しました。

第2章では、未来産業のアイデアをできるだけ具体的に描いてみました。SF映画の好きな方も読める内容になっていると思います。

第3章では、「天才待望論」として、理系の天才を紹介しつつ、やや深遠な科学論を展開してみました。一部、数式も登場しますが、深入りする必要はなく、雰囲気だけつかんでいただければ結構です。もし、途中で拒絶反応が出てしまった方は、読み飛ばしていただいても構いません。

途中に挟みました2つの対談は、読みやすく、それぞれ〝味〟がありますので、ここだけはぜひお読みください。諏訪東京理科大学の竹増光家《たけますてるいえ》先生には、ご自分の研究分野を開拓してこられたポイントを開陳していただきました。ドイツでの産学連携のあり方や未来技術へのヒントなども、読者の参考になると思います。同じ部署に所属する木村貴好さん、梶敦次さんとの鼎談《ていだん》では、夢が膨らみました。大学での研究には、こういう思考や議論が必要なのだと感じ入った内容となりました。

本書が科学技術面でのフロンティアを拓くための大海の一滴となれば幸いです。

最後に、本書の企画・編集等に多大なご協力をいただきました、同郷の村上俊樹さん、第二編集局の皆様、ご協力いただきました関係者の皆様に、心より感謝申し上げます。

２０１４年10月10日

学校法人幸福の科学学園

幸福の科学大学準備室副室長

近藤海城

※幸福の科学大学（仮称）は、設置認可申請中のため、学部名称も含め、構想内容は変更の可能性があります。

フロンティアを拓く未来技術　目次

第1章 〝宗教〟と〝科学〟は結びつくのか

未来技術対談

近藤海城 × 竹増光家

未来の自動車にはタイヤがない!?

第2章　未来産業をどう創るか

第3章 天才待望論

※文中、特に著者名を明記していない書籍については、原則、大川隆法著です。

第1章

〝宗教〟と〝科学〟は結びつくのか

1　なぜ幸福の科学大学に理系の学部を置くのか

幸福の科学が理系の研究者を惹《ひ》きつける理由

幸福の科学大学が２０１５年４月に開学する予定となっている（設置認可申請中）。建学の精神は「幸福の探究と新文明の創造」である。「人間幸福学部」「経営成功学部」「未来産業学部」の３学部を新設することになっており、そのうち、「未来産業学部」が理系の学部となっている。

「宗教系の大学で、なぜ理系の学部？」と疑問に思う人もいるかもしれない。

実は、幸福の科学の信者には理系の学者や研究者、技術者が多い。実際に、幸福の科学に惹かれた理由を彼らに訊《たず》ねてみると、「心の教えが合理的に、理路整然と説かれている」「疑問に思っていたことが明確に説かれている」などの声が挙がる。

私も、20数年前は半導体の研究者であった。東京大学大学院の工学系研究科で電子工学を専攻し、修了後、通商産業省工業技術院電子技術総合研究所（当時）に入所した。所属したのは、電子デバイス部半導体デバイス研究室で、太陽電池で使われるアモルファス・シリコン（a-Si:H）の特性向上の研究や、高温でも動作する炭化シリコン（SiC）デバイスの研究に従事した。

1986年に幸福の科学の存在を知り、「霊言」で説かれていた心の教えに魅かれて、信者となり、1989年には職員となった。2012年4月からは、幸福の科学大学の設立の準備にあたっている。

今思えば、教えのなかに合理性と神秘性が見事に融合していたところに魅かれたのだろう。多くの理系研究者の信者も、同じように感じているようだ。

幸福の科学では、宗教としては珍しく、教義のなかに、科学的な思想が盛り込まれている。

例えば、『太陽の法』をはじめとする教えのなかには、多次元宇宙論や次元構造が、『黄金の法』などには時間論や仏神の光に関する物理学が説かれている。『永遠の法』では、仏の光は7色に分かれ、そのうちの1つである銀色の光線は、科学の光線であり、文明を進歩に導く光線だと説かれている。

500人以上収録した霊言のなかには、ニュートン、アインシュタイン、湯川秀樹、ガリレオ、ウォーレス、H・G・ウェルズ、トーマス・エジソン、スティーブ・ジョブズ、緒方洪庵、豊田佐吉、竹内均、井深大、糸川英夫などの科学者・技術者も含まれ、いずれも科学の発展に有用な内容を含んだ霊言となっている。

過去や未来、宇宙を透視する「リーディング」も行なわれており、その内容に未来科学に関するものも含んでいる。

なぜ、このように、科学関係の教えが豊富に説かれているかといえば、1つには、幸福の科学の基本教義である「愛」「知」「反省」「発展」の「四正道」のなかに、

「知の原理」が入っており、学問や知識を重視する姿勢が打ち出されているからである。また、「発展の原理」が入っているため、世の中の繁栄や進歩・発展に貢献するという思想が打ち出されているからだ。

また、幸福の科学の教えは、「愛」「悟り」「ユートピア建設」に集約されるが、科学技術の発展は、「ユートピア建設」につながるものである。

大川隆法・幸福の科学グループ創始者兼総裁は、幸福の科学大学に理系の学部をつくる意図について、次のように述べている。

考え方のもとは、「未来がさらによりよくなる」ということです。

幸福の科学の基本教義のなかに、「愛・知・反省・発展」からなる「四正道」という四つの原理が中心にありますが、まずは「正しき心の探究」という考え方があります。「正しき心を探究しましょう」ということは、宗教的に言えば当たり前のことであり、一生懸命に反省したり、禅定したりしながら、「正しい心」、つまり、「神仏と同通するような心」を持つように修行することが課題となります。

そして、その具体的展開として、「正しき心の探究のチェックポイントである、四つの原理をめざしましょう」ということで、「愛の原理」「知の原理」「反省の原理」「発展の原理」が入っているわけです。

『新しき大学の理念』90ページ

既存の宗教系大学でも理科系の学部を置いているところは多いが、それは学生にニーズがあるために設置しているだけで、その宗教に関連する教えがあるわけではない。キリスト教でいえば、イエス・キリストが理工学について言及してはいないはずだ。ここは大きな違いである。

幸福の科学にとって、理系の学問は、基本的な教義や思想と密接に関係しており、そもそも教団の名称にも「科学」が使われている。

ただ、「幸福の科学」の「科学」とは、理科系統の科学を意味するのではなく、「探究する心」を意味する。

『真実への目覚め』では、次のように述べられている。

科学とは、「探究する心」でもあります。「未知なるものを否定せず、未知なるものを追い求める心」でもあるのです。それは、決して現代の知識時代に反することや恥ずかしいことなどではなく、未来を向いての新しい科学なのです。

『真実への目覚め』81ページ

このように、幸福の科学は、知の世界に対して開かれた体系を持つ宗教であり、それが多くの学究の徒を惹きつけてやまないのだろう。

仏教もキリスト教もイスラム教も学ぶ予定の幸福の科学大学

もっとも、理系の研究者と宗教という点に関しては、オウム事件を思い起こす人もいるかもしれない。かつて、オウム真理教が地下鉄サリン事件を起こした時、逮捕者に東大理Ⅲ（医学部）などの理系出身者がいたことに世間は驚いた。

理系人間は価値観なしに目的を遂行する傾向が強いことを、オウム真理教が利用した感もあるが、理工系のみならず、日本の教育に宗教的教養が欠如していることにも問題があるだろう。なぜ、ある宗教が正しくて、ある宗教は間違っているのかについての判断基準が、教育課程で全く教えられていない。教えていたとしても正反対の内容で、当時、一部の宗教学者はオウム真理教に肯定的な評価を加えていた。

このような悲劇に若者が巻き込まれないために、本来、理系学部だけではなく、文系学部も含め、宗教的教養を多くの大学などで学ばせるべきだ。

キリスト教系の大学でも、仏教を学ばせたり、仏教系大学でもキリスト教などを積極的に学ばせるべきである。特に国際的に活躍する人材を輩出するなら、キリスト教やイスラム教のある程度の知識は不可欠であろう。

幸福の科学大学では、教養科目に世界の主な宗教（仏教、キリスト教、イスラム教など）を学ぶ科目を置く予定であり、むしろ、教養科目では幸福の科学の教学に関する科目よりも多い。これは、宗教的な教養があったほうが、人格形成にも資すると考えるからである。

大学教育で、宗教系の学部学科以外に、宗教を知識として教えるような文化が日本にないということは、メリットよりもデメリットのほうが多く、教育に欠陥があるといえるかもしれない。

未来産業学部のカリキュラム・ポリシー

ここで、幸福の科学大学の理系部門である「未来産業学部・産業技術学科」におけるカリキュラム・ポリシーを紹介しておきたい。

①機械・電気電子分野を中心とした製造系産業界に必要な産業技術分野の知識・技術を習得させ、その継承及び高度化により、日本の産業競争力の向上につなげる。

②主たる専門科目だけでなく、多様な先端技術分野の知識を習得させ、将来、応用展開が可能な力を付ける。

③新価値創造の手法としての技術経営分野の基礎的な知識を習得させ、事業・組織を牽引するイノベーション力を付ける。

④基礎科学分野に関して、数学・物理以外の分野にも関心を広げ、自ら学ぶことができる生涯学習力や発想の供給源とする。

開学の段階では工学系の科目を中心とする1学部1学科から始まるが、国公立の理系の学部学科に決して引けを取らない、充実した教育カリキュラムを準備している。

2　宗教が科学に貢献した歴史、遅らせた歴史

ガリレオの宗教裁判

宗教と科学の関係は、対立軸で論じられることが多いが、必ずしもそうではない。いくつかの事例を紹介したい。

まずは、有名なガリレオから。

ガリレオ・ガリレイ（Galileo Galilei 1564-1642）は、発明されたばかりの望遠鏡を用いて天体を観測し、金星が満ち欠けしていること（金星が太陽を回っていることの証明）、木星が４つの衛星を持っていること、太陽に黒点があることなどを発見して発表した。

これらは、当時信じられていた、地球を中心とする天動説などを主張するアリストテレス科学に挑戦する結果であり、少し前に提唱されていたコペルニクスの地動説が正しいことを示していた。また、神学者もヨシュア記の記述（『ヨシュア記』10：12-13）をもとに天動説を採っていた。

したがって、ガリレオの主張は、科学者と神学者の両方から反論が起きる可能性があった。１６１５年にこれらの結果を「クリスティーナ大公妃宛書簡」に書いたのだが、当時、カトリック教会は、プロテスタントの宗教改革がもたらした危機により神経をとがらせており、教会による解釈以外を認めない方向に傾いていた（トレント公会議）。翌１６１６年、ガリレオは枢機卿から注意を受け、また、同時にコペルニクスの著書『天球の回転について』は出版を差し止められ、焚書《ふんしょ》目録に加えられた。

その後、運よくガリレオ研究の賛美者が教皇となり、何度も会合を持つことができたことに気をよくして、ガリレオは1632年に『天文対話』を出版して地動説を弁護。しかし、30年戦争のさなかで教皇の権威を示さなければならないという政治的状況もあって、1633年、ガリレオはローマに召喚され、異端審問所で裁かれ、有罪となった。しかし、ガリレオは、背信者などでは決してなく、救済に関する問題については、『聖書』の記述に従うべきだと考えていたカトリック信者であったのである(ディクソン，2013，37ページ)。

1992年、ローマ教皇ヨハネ・パウロ2世は、ガリレオ裁判が誤りであったことを認め、ガリレオに謝罪した。ガリレオの死去から350年後のことである。

ガリレオがアリストテレス以来の天動説と闘った姿勢は、直近でいえば、従軍慰安婦に関する報道は間違っていると主張してきた保守系の言論人や幸福の科学のスタンスにも似ているかもしれない。幸福の科学に関していえば、『神に誓って「従軍慰安婦」は実在したか』で、そのような事実はないことを霊言で確認し、昨年（2013年6月）書籍化した。すると、今年（2014年）になって、誤った〝常識〟を作るもととなった記事を掲載した朝日新聞が、8月に訂正記事を掲載し、9月には謝罪会見を行っている。

「科学の父」といわれるガリレオの裁判は、宗教と科学の対立の象徴として使われることもあるが、1つの悲劇であった。幸福の科学は、この件ではガリレオの側に立つ。その理由は、「現代は科学万能である」という時代性によるのではなく、「キリスト教が彼を認めた」からでもない。「真理がどちらにあるか」による。真理は、明らかにガリレオの側にあったと考えるからである。

ちなみに、ガリレオの転生輪廻は幸福の科学でも霊査されていて、現在、生まれ変わって、細胞学の若手研究者として活躍しているらしい（『公開霊言 ガリレオの変心』『小保方晴子さん守護霊インタビュー　それでも「STAP細胞」は存在する』参照)。今回の人生でも、世の中の権威と闘っているようだが、ここでは深入りせず、今後の活躍に期待することとしたい。

神を信じた科学者たち

「古典力学の祖」といわれ、「万有引力の法則」を発見したアイザック・ニュートン(Isaac Newton 1643-1727)は、天体の運動、微積分、光学で顕著な業績があるが、それだけでなく、錬金術や『聖書』の研究記録も多数残している。

主著の1つである『光学』において、「もしそれ(有形の事物に秩序を与えること)が神の御業であるならば、世界の起源を他に求めること、つまり、世界はたんなる自然法則によって混沌から生じたのであろうなどと主張することは、非哲学的である」と明確に述べている(島尾訳,1983,354ページ)。ニュートンは神への信仰が前提にあって、科学的真理を探究していたことが覗《うかが》える。

湯川秀樹博士（1907-1981）はニュートンについて「わたしはニュートンの生い立ちもあまり知らんうちから、ニュートンという人は、つまり神の志、意思というか、あるいは知恵、神の力、そういうものを求め、再現しようとしている人であるということは明らかだと、ずっと前から、いつも思っておった」と回想している（湯川，1982，220ページ）。

また、20世紀最大の物理学者、アルベルト・アインシュタイン（Albert Einstein 1879-1955）も次のような言葉を残している（ヘルマンス，2000）。

『聖書』が、かつて書かれたもっとも偉大な書物であることには、双手を上げて賛成する。はじめからおわりまで、それは良心を意識させる」

「宗教と科学は調和するものだ」

「宗教を欠いた科学、科学を欠いた宗教、どちらも不備なものだ。両者は互いに依存しており、真理の追求という共通の目標をもっている。だから、宗教がガリレオなどのような科学者たちを排斥するのは本来おかしいんだ」

「科学者は神は存在しないというのも、やはりおかしい。本物の科学者は信仰をもっているからね」

ユダヤ人であったアインシュタインは、ナチスのユダヤ人迫害に関して、キリスト教にも言いたいことがあったようであるが、宗教を否定していたわけではなかったのだ。

また、遺伝学で有名なメンデル（Gregor Johann Mendel 1822-1884）や、ビッグバン理論の提唱者のジョルジュ・ルメートル（Georges-Henri Lemaître 1894-1966）は、カトリックの司祭であった。「人間は考える葦である」と語り、ピストンの原理を明らかにして圧力の単位にもなっているパスカル（Blaise Pascal 1623-1662）は神学者でもあった。

ほかにも、天動説を唱えたニコラス・コペルニクス（Nicolaus Copernicus 1473-1543）、ヨハネス・ケプラー（Johannes Kepler 1571-1630）、電磁気学で電磁誘導の法則などを発見し、電気化学の分野でも貢献したマイケル・ファラデー（Michael

Faraday 1791-1867)、気体の体積と圧力に関する法則を発見したボイル（Robert Boyle 1627-1691）、電磁誘導を右手と左手の法則で分かりやすく説明し、二極真空管を発明したフレミング（John Ambrose Fleming 1849-1945）、進化論の提唱者の１人で心霊研究も行ったアルフレッド・ウォーレス（Alfred Russel Wallace 1823-1913）ら科学史上に名だたる人々の多くが神を信じる科学者であった。

さらに、微積分法をニュートンとは独立に発見したライプニッツ（Gottfried Wilhelm Leibniz 1646-1716）は『宗教哲学「弁神論」』も著しているし、雷が電気であることを証明し、電気の極を「プラス」「マイナス」と命名したベンジャミン・フランクリン

パスカル

アインシュタイン

ニュートン

フランクリン

ケプラー

コペルニクス

（Benjamin Franklin 1706-1790）は、「イエスおよびソクラテスに見習うべし」と言っている（松本他訳，1957，138ページ）。

3 ヘルメス思想がもたらした科学技術の発展

近代科学の基礎を成したヘルメス思想

前節で見たように、深い信仰心と優れた科学者とは両立する。大川総裁は、『「未来産業学」とは何か』でこう指摘している。

理系に関して言えば、現代では欧米の理系の学者たちのなかにも、もちろん、無神論者もいますが、あまり尊敬されません。

やはり、基本的に、表向きは、「神様のつくられた完全な世界を解明したい。証明したい」というように思われる方が多いようですし、また、そう考えて研究した結果が答えにつながる場合もあるそうです。

『「未来産業学」とは何か』112ページ

もともと、神秘思想の流れにある「ヘルメス思想」も、近代科学の源流にあるという事実も忘れてはならないポイントだ。

ヘルメス思想とは、ヘルメス・トリスメギストスと呼ばれる、ギリシャの神ヘルメスとエジプトの神トートが合体した古代エジプトの神秘思想のことで、エジプトだけでなく、キリスト教やイスラム教に強い影響を与

『「未来産業学」とは何か』

えた。『神秘の法』では、このヘルメス思想が近代科学の基礎になっていると述べられている。

ヘルメス思想は、宗教だけではなく、近代科学の基礎も成しています。

ヘルメス思想のなかには、「宇宙というものは、太陽を中心にして、その周りを天体が回っているのだ」という、太陽中心の思想があります。これは、ヘルメスの思想というより、トート＝ヘルメスの思想というかたちで流れているのですが、この太陽中心の思想が紀元前からあったのです。

ところが、この世の実証的な科学においては、過去、長いあいだ、地球中心の天動説が採られていました。天体を観察した人たちのほとんどは、「地球が中心で、地球の周りを天体が回っている」と考えていたのです。

それに対して、コペルニクス（一四七三〜一五四三）は地動説を唱えましたが、その底流にはヘルメス思想が流れています。近代以降、「太陽中心の思想こそが真理であり、それを証明しなければいけない」という情熱を帯びた科学者たちの努力があったのです。

ニュートン（一六四三〜一七二七）も、底流ではヘルメス思想の影響をそうとう受けています。

また、近代において、「人体には血管があり、血液が人体を循環している」ということが、ハーベイ（一五七八〜一六五七）によって発見されましたが、それ以前に、セルベトス（一五一一〜一五五三）は、ヘルメス思想の「円環的時間概念」の影響を受けて、血液の肺循環説を唱えています。

ヘルメス思想は時間の循環説を採っており、「時間というものは、循環しているのだ。円環のように、ぐるぐると回っているのだ」という思想を強く打ち出しています。これを証明しようとして、「この思想に基づいて、何かできるのではないか」と、科学者たちが一生懸命に研究した結果、出てきたのが血液の循環説なのです。

このように、近代科学は、意外に、この霊界思想の影響を受けているのです。

『神秘の法』257~259ページ

ニュートンの後半生が、錬金術や神学の研究に費やされていたことは有名な話で、経済学者であるケインズは『人物評伝』のなかでニュートンを「魔術師」と呼んでいるほどである(熊谷他訳,1959)。

「宗教と科学は対立するもの」という考え方は、必ずしも真理ではない。

科学に貢献する未来型宗教

ただし、現代的な新しい問題について、従来の伝統的な宗教が方向性を示せなくなっていることも事実だ。

例えば、環境問題、同性婚問題、人間のクローンの問題などは、『聖書』のなかをいくら探しても答えはない。２０００年以上も前の教えを元に、現代の諸問題を解決するのは無理がある。「新しい葡萄酒を古い革袋に入れるな。新しい革袋に入れよ」という『聖書』の言葉にあるように（『マタイによる福音書』９：17）、新しい問題は新しい宗教に聞くほうがよい。

幸福の科学は、こうした新しい問題にも対処しようとしている。大川総裁は、『湯川秀樹のスーパーインスピレーション』のあとがきで、「**科学と敵対するのではなく、科学と相互に触発し合うような未来型宗教を創っていきたい**」と述べている。

冒頭でも触れたように、幸福の科学の教えは、科学技術との親和性が高い。

『太陽の法』には、『聖書』の「天地創造」に相当する教えが、「次元」の概念を使って理路整然と説かれており、ビッグバン理論や超弦理論と対比させると、今後の科学の方向性を示すものを含んでいる。

『湯川秀樹のスーパーインスピレーション』

『神秘の法』などで説かれている「仏神の光エネ

ルギーによってこの世のすべてのものは創られている」という教えは、アインシュタインの$E=mc^2$で表される「物質とエネルギーは等価」の考え方と近似している。

また、「霊言」では、スティーブ・ジョブズが、「マウス」の次の情報技術を「キャット」と象徴的に命名したり、ロケット博士の糸川博士が、空中を飛行する昆虫にも関心を持って新しい航空ロボットについてのアイデアを述べたりと、科学技術の面でもユニークなヒントが提示されている。

幸福の科学では、まさに、未来の科学情報が「無限供給」されているかのような状態であり、現代社会のさまざまな問題を解決したり、新しい未来社会を拓くような夢のある技術のヒントも数多くあるのだ。

新しい発明・発見で積極的な社会貢献を

幸福の科学の教えを学ぶ理工系の研究者や大学の教員たちは、幸福の科学で説かれた豊富なアイデアをもとに、将来の研究のヒントになるものを見出し、2、3人集まれば、「自分はこう思う」と、専門的な議論を熱く交わしている。その議論を聞いていると、幸福の科学が大学を創って、理系の学部を設けることに熱い期待感があるのを強く感じる。

幸福の科学大学の創立者である大川総裁も、「未来産業学部」に対して、次のような期待を寄せている。

今のところ、まだこの地上では、発明・発見・証明されていないことを創造すること。これは、私自身の仕事の中心概念でもある。

私も、とにかく人がまだ発見していない真理を発見し、人がまだ気づいていない未来を洞察するのが好きなのである。

幸福の科学大学の未来産業学部でも、ぜひとも世界初の発明・発見をしてほしいと思う。

『未来にどんな発明があるとよいか』あとがき

この「創造」という言葉も、幸福の科学におけるキーワードだ。『創造の法』には、創意工夫やイノベーションの大切さから、インスピレーションを受け取る秘訣まで説かれている。大川総裁は、2200回を超える説法と、1700冊を超える著作を〝創造〟した実績があるだけに、その智慧は至高の輝きを放っている。「創造」を尊ぶこのような「エートス」は、あらゆる分野で人類を発展させ、幸福に導くものだ。「付加価値の創造」という観点でいえば経営に展開されるし、政治にも応用可能だ。科学技術の分野においては、「新しい発明や発見」という形で流れている。「創造のエートス」は、本来、企業や大学等で研究業務に携わる人にも、すべからく身につけ、高めていただくとよいのではないか。

このように、「創造」という理念を発信している宗教が、大学を創り、理工系の学部を設置することは、何ら不思議ではないことがお分かりだろう。むしろ、新しい発明・発見によって、社会貢献が一層推進されることになると考えてよいだろう。
その具体的なアイデアについては、第2章で詳しく見ていくことにしたい。

未来技術対談

未来の自動車には タイヤがない!?

科学技術は、具体的に人々の役に立ってこそ意味がある。
そこで、ユニークな技術開発で日本の産業界に貢献する
諏訪東京理科大学の竹増教授と、未来技術について語り合った。

conversation

Kaijo Kondo × Teruie Takemasu

竹増 光家

（たけます・てるいえ）１９６０年、広島県生まれ。諏訪東京理科大学教授。工学博士。九州大学工学部卒業後、同大助教授を経て、２００７年より現職。専門は機械工学。２００３年に二重ねじ機構に基づく極めて緩み難いボルト締結体の量産技術を、１９９０年頃より、金属粉末を加圧成形・焼結《しょうけつ》して、自動車トランスミッション用の高性能ギアを製造する研究に着手し、近年商品化につなげるなど、実用性の高いモノづくりに取り組んでいる。

産学官の連携で研究体制が充実しているドイツ

近藤　今日（9月27日）はドイツで開催された国際会議から帰ってきたばかりだそうですね。

竹増　ええ。「Euro PM2014」という学会で、ドイツのお隣のオーストリアのザルツブルクで開催されました。粉末状の金属を加工するテクノロジーの学会で、私の主要研究テーマの1つなので、ほぼ毎年参加しています。

近藤　オーストリアでしたか。以前、ドイツでは機械工学が進んでいて、研究体制も非常に充実しているとお聞きしました。

竹増　そうですね。産学官の連携が非常に緊密です。私の専門としている機械工学分野のなかの金属加工関係の研究を行っている主な大学はミュンヘン工科大学とアーヘン工科大学の2つですが、これらの大学には、国の研究機関であるフラウンホーファー研究所も同居していて、一緒に研究しているんです。さらに、ドイツばかりでなく、世界中の名だたる自動車メーカーや部品メーカーが、直接研究を依頼してきます。大学の1つの研究所（選任教授は数名程度）が年間数十億円の研究費を獲得しています。

近藤　数十億円！　日本とは桁が違いますね。なぜそんなに？

竹増　大学の予算獲得の方法が違うし、組織的に行っているからでしょうね。ドイツ人の教授に聞いたんですが、まず、国からの交付金がある。次にユーロ圏内（ドイツばかりではない）のあらゆる競争的外部資金。日本でいうとNEDO（注）などの機関に公募して得る資金のことです。それから会員企業からの共同研究費。この3つを合わせることで、安定した資金が毎年のように入ってくるそうです。

それから、企業は研究を依頼してくる時、お金も出すんですが、人も出します。

つまり大学のスタッフと企業側の研究者や技術者が密接に連携しながら共同で研究するんです。

近藤　大学での研究が産業界にとって有用だと考えているからでしょうか。

竹増　そうですね。残念ながら日本では、大学にそういう研究を依頼したとしても、あらゆる点で問題があります。まず、研究を立案・実行し、成果報告まで全面的に依頼することのできる人材がほとんどいないですし、計測機器や設備もなければお金もありません。ですから日本の場合はそれぞれのメーカーが独自で研究所を持っています。

ただ、ドイツがなぜこのような研究環境をつくりあげたかというと、1970年代から80年代にかけて、優秀な日本の工業製品が津波のように押し寄せてきて、ドイツをはじめヨーロッパの産業界全体が大危機に陥ったからだといわれています。今では少々の景気の上がり下がりには影響を受けることなく、粛々と研究できる体制が国家規模で構築されています。

近藤　研究者にとっては非常にいい環境が与えられているんですね。

竹増　そうですね。留学生も積極的に受け入れているのでマンパワーも充実しています。企業にとっても、ここに投げておけば確実に答えが返ってくるという信頼感があるんですね。

「緩まないねじ」はアイデアとお金と人との縁でできた

近藤　竹増教授は、「二重ねじ機構を応用した極めて緩み難いボルトの量産技術に関する研究」で特許を取り、企業と連携して大量生産できるようにするという、産学連携を理想的な形で進めています。そのコツについて聞かせてください。

竹増　あれは非常に運がよかったというか（笑）。まず、県からの助成金をもらうことができたので、自由にアイデアを形にすることができたんです。
　さらに、その二重ねじを通常のねじと全く同じ方法で量産する専用の工具を製作するための加工機械を探したところ、たまたま共同研究をしていた某製作所にあったので、工場長に頼み込んだんです。「こういうのを作ってほしい。お金はこれだけしかない」と言ったら、半年後に本当に作って持ってきてくれた。さらに、その専用工具を使って実際にねじを加工するための装置も、私が顧問をしている工作機械メーカーが持っていたので、そこで作ったら一発でうまくいったんです。こういう人と人との結び付きがなければ、あの成功はありえなかったと思います。

近藤　この方法だとうまくいくというアイデアは、どういう時に思いついたのですか。他の人が思い

緩まないねじ（中央）

つかなかったのはなぜでしょう。

竹増　あまり興味がなかったんだと思いますね（笑）。緩まないねじの研究は、ねじ関連の学会ではあまりポピュラーではないので、日本の大学では評価が低いんです。普通のねじの損傷や強度についての解析などの研究がメインですから。

近藤　ところがこの二重ねじが大量生産されることによって、産業界でも使われるようになったわけですよね。潜在的なニーズがあったということだと思います。

誰もが無理だと思った「焼結ギア」の作り方

近藤　竹増教授は、「焼結ギア」の研究でもさきがけです。ギアは、通常は金属を削って作りますが、「焼結ギア」は文字通り、金属粉末を加圧成形し焼き固めるわけですね。

竹増　実は、「焼結ギア」に関しては、冒頭で触れたザルツブルクでの学会で、たいへんなビッグニュースが入ってきました。世界最大級の自動車用トランスミッションの某メーカーの副社長が学会のシンポジウムで基調講演をしたのですが、そこで、「トランスミッション用焼結ギア」の市場投入をほぼ決定したと発表しました。

２０２０年までにその会社のトランスミッションに使われる歯車の50％以上を「焼結ギア」に切り替えるという大々的な発表で、会場の多くの聴講者も皆興味津々で、私も非常にびっくりしました。これからこの関連分野の開発は急加速するんじゃないかと思います。

近藤　それはすごい。竹増教授はかなり初期のころから研究していますよね。

竹増　初期どころか、当時は誰もトランスミッションの用の高性能歯車に、「焼結ギア」が使えるとは思っていなかったんです。約20年前に着手したばかりの頃は、周りからは「そんなバカげた研究するのか」と非難轟々《ごうごう》でした。

というのも、粉末状の金属を焼き固めるので、中に気孔が残留してしまう。それは歯車の種々の強度に多大なる悪影響を及ぼしますから、そんなものを自動車の高耐久性部品として使うなんて絶対ありえないというのが常識だったんですね。

ところが調べていくと、決してそうではないということが分かってきた。歯車本体のなかで、本当に材料のもつ究極の強度が必要なのは、歯の表面のわずか0・5ミリ以下の非常に薄い層だけなんですよ。ですから、その領域だけ選択的に気孔を除去すれば、十分な強度になるだろうということで、それを実現できる効率的な加工法と、強度評価の研究を始めました。

20年前はいい材料もなく、加工機械の性能も十分ではなかったので、なかなかうまくいかなかったのですが、2000年代に入った頃から次々と革新的な材料が開発され、さらに、最高性能を誇る数値制御の加工機械も使えるようになったので、急速に研究が進みました。そして2014年、いよいよ実用化が目前という感じですね。

アイデアの種は現場にある

近藤　全然ダメだと思われていたものについて、それが将来は使えるんじゃないかと思って研究するというのは、先見性があるということだと思います。「常識」にとらわれず、新しい発想をしていくポイントは何だったのでしょうか。

竹増　やはり、自動車メーカーが実際にトランスミッション用の歯車を作っている製造現場を何度か見て回ったことが大きいと思います。それを見ると、普通の研究者ならそのプロセス自体を研究し、より高度化しようと考えるのでしょうが、私は、「なんて無駄なことをやってるんだろう」と感じました。

歯車というのは通常、丸棒状の鉄鋼材料を輪切りにして円盤を作り、それに軸穴を開けて、歯を切り出していくんですね。そうなると、まず製造工程数が多い。鋼材から歯車になるまで十数プロセス必要なんです。しかも、鉄鋼材料の半分以上が切りくずになってしまう。さらに高い精度が必要なので、加工のために高価な機械が何種類もいるんですね。

ですから歯車は、自動車に搭載されている機械部品のなかでは単位重量当たりのコストが最も高い部品です。その上、燃費を上げる最大の武器が、こうした歯車を組み合わせたトランスミッションですから、重要度も高い。

近藤　「現場を回ること」で問題点が見えてきたということですか。

竹増　ええ。これを営々と続けていては持続可能な成長社会はないと思いましたね。資源も加工に使うエネルギーも無駄ですし、手間も時間もコストもかかりますから。1990年代当時、世界の車の全販売台数は今より圧倒的に少なかったんですが、このまま世界の人口が増え続けて、車が発展途上国にも普及していくことを考えると、資源があっという間に枯渇する。もっと効率よく、きちんと性能も出せるモノづくりにしなければいけないと思ったんです。

近藤　世界規模の視野で見た時に必要性があったということですね。二重ねじも焼結ギアもそうですが、新しい発想でモノを作っていくのは、もともと得意だったのですか。

竹増　というよりも、私はたぶん、あまり大学での研究には向いていなかったんだと思うんです。すでに確立されたような領域で、さらに重箱の隅をつつくような狭い領域の研究テーマを追うというのが性に合わない人間でして。いつかブレイクスルーするだろうという新しい分野のテーマしか考えていませんでした。

ですから、二重ねじは今や第四世代のものができて、作り方も一般的になりましたし、高強度焼結ギアのほうも、実用化・商品化の目処がついてきたので、そろそろ別の研究テーマに乗り換えないといけないかなと思っているところですよ(笑)。

未来の車にはタイヤがない!?

近藤　その乗り換えるテーマにも関わるかもしれませんが、未来産業や未来科学について、将来、発展しそうな分野とか、関心を持っている分野はどんなところでしょうか。

竹増　モノづくりの分野で大きくブレイクスルーしそうなのは、ナノテクしかないと思いますね。分子レベルで物質をコントロールして、より高効率、高精度、省資源、省エネルギーでモノを作っていくという方向性の研究や技術が今後発展すると思います。

ただ、私の専門の機械工学はそこまではなかなか踏み込めない。ナノテクは材料開発ですが、機械工学はそうして開発された材料を使い評価する側の研究ですから。そういう意味では、材料開発と、それを加工したり組み立てたり、商品化したりする分野を融合させた研究は外せないでしょう。

例えば、最近増えてきたのが炭素繊維、カーボンファイバーです。これは軽量で高強度な材料なので、これまで金属が使われていたあらゆる箇所に使われはじめています。ボーイング７８７航空機の翼や機体各部に多く使われているのは有名ですね。しかも、炭素ですからどこにでもある。木や石炭からでも炭素は取り出せます。こうした新しい材料を製品化していく仕事が重要になってくると思います。

近藤　もっと未来のことになるかもしれませんが、霊界科学についてはどうでしょう？　幸福の科学では、さまざまな偉人の霊言を収録していて、エジソンの霊言では、「霊界通信機」（１０１ページを参照）の研究についても言及がありました。そういう可能性というのは感じますか。

竹増　当然、将来はできると思っています。というのは、物質といっても原子レベルで見たら例えば、水素は陽子と電子が１個ずつでできていますが、水素原子の大きさを甲子園球場だとすると、陽子の大きさは野球のボール1個分くらいですよね。スカスカです。しかも、陽子や中性子を構成しているクォークレベルのサイズになると、常に現われたり消えたりしているわけですから、物質そのものが目に見えない世界とつながっている。きちんと仕組みが解明できれば、異次元空間へ物質を移動させるのは、そんなに難しいことではないんじゃないかと思うんです。

近藤　素粒子レベルのミクロの世界で何が起きているかという仕組みが分かっていくと、目に見えない異次元空間とのつながりも解明されていくかもしれませんね。ワープする自動車のつくり方も見えてくるかもしれませんよ（笑）。

竹増　いいですね（笑）。変な話ですけど、「ドラえもん」で描かれている未来の街の車って、みんなタイヤがないんですよ。実は、路面との摩擦や自動車内部の摩擦で失われるエネルギーは大きくて、ガソリンの持っている正味のエネルギーのうち、実際の走行に使われているのは、30％程度にすぎないんです。ですから、タイヤのない車は理想です。ぜひ作りたいですね。マンガでさえも何十年も前にそういう未来が描かれているのですから、人間はそれを作れると思います。

近藤　イメージできるということは、実現できるということですね。今日は、産学連携から、発明のコツ、未来の技術まで、ユニークなお話をありがとうございました。

（注）ＮＥＤＯ：「独立行政法人　新エネルギー・産業技術総合開発機構」のこと。日本最大の技術開発推進機関として知られる。

第2章

未来産業をどう創るか

1　未来産業はアイデア勝負

新しい発想で成功する

　第1章では、宗教と科学のあるべき関係を論じながら、幸福の科学大学・未来産業学部についての概略を示した。本章では話題を転じ、「どうしたら未来産業を創ることができるのか」について述べていく。

　大川隆法・幸福の科学グループ創始者兼総裁は、著書『未来にどんな発明があるとよいか』において、

『未来にどんな発明があるとよいか』

『未来産業』ということであれば、『発明学』的なものが中心になる」（１４０ページ）と定義している。すなわち、価値のある発想や発明があってこそ、未来産業は開けていくということだ。

大川総裁は、アイデアや構想力、企画力ある人材の輩出に大きな期待を寄せている。

未来の種は、必ず現在の中にその芽が隠されているものだ。アイデア力、企画力、起業力、構想力のある人材が続々と生まれ続けることを心から望むものである。

『「未来産業学」とは何か』あとがき

このように、幸福の科学は宗教でありながら、新しい発見や創造力を重視している。２０１０年にベストセラーになった大川総裁の『創造の法』にも、そうした考え方が表れており、クリエイティブな仕事をする人などにお勧めしたい。以下、『創造の法』から、新しい発想を出す上でのヒントになる部分を列挙してみる。

・いつも人と違ったことを考え、言い、実行せよ。（まえがき）
・自分の頭を、もっと本格的に、クリエイティブな頭脳に切り替えたいならば、「どれだけ多くのアイデアが出るか」ということに挑戦し、アイデアを出せるだけ出してみることです。（31ページ）
・アイデアを得る前に、「アイデアを得たい」という強い熱意や願望のあることが大事なのです。（60ページ）
・ライバルや敵に当たるものからの批判は、意外に、「今、あなたが何をしなければいけないか」ということを教えてくれる、「アイデアの宝庫」であることが多いのです。（85ページ）
・「物事を、全部、逆にして、新しく考えてみる。正反対に考えてみる」（110ペ

ージ）

・「今までの流れどおりに行けば、うまく行く」と考える人ではなく、今までとは全然違うことを考える人が、時代をつくり、時代を動かしてきたわけです。（133ページ）

・「常日頃、ずっと考え続けている人には、インスピレーションが降りてくる」（146ページ）

・私の興味・関心がかなり幅広いからです。／この幅広い興味・関心は、どこから出ているのかといえば、その答えは、結局、私が目指しているものにあります。私は、「一人でも多くの人を幸福にしたい。日本および世界のあらゆる人々を幸福にしたい」という気持ちを持っています。原点は、そこにあるのです。（157ページ）

・人がやってないことをやる。（あとがき）

・「素晴らしいヘソ曲がり」にならなければ、勇気をもって、新文明の旗手になん

かなれない。（あとがき）

新しい発想で成功した例として、アップルの音楽プレーヤーiPodの開発がある。携帯音楽プレーヤーの元祖とでもいうべきウォークマンを開発したソニーは、当然、iPodを作るために必要な技術は持っていた。実際、iPodが発売された当時、ソニー関係者は「この程度の音質では怖くない」と発言したそうだ。だが、iPodは世界中で大ヒット。iPodには、日本の技術も組み込まれているが、技術があっても、それを生かすアイデアがなければ、「産業」を創り出すことは難しい。

では、具体的にどのように発想していけばよいのか。発想法についてはいろいろな本が出ているが、まとめてみると、そのポイントは共通しており、実はシンプルなものであると考える。以下、例を挙げてみる。

発想のポイント①——ニーズ対応

最初に挙げたいのは、ニーズから発想すること。多くの発明は、「必要性や人々の要求に対応しよう」という意欲から生み出されたものが多い。『未来にどんな発明があるとよいか』のあとがきには、「**人の役に立つことで、未来の創造に貢献すれば、それでよいのだ**」とある。人の役に立とうと努力することが、未来の創造につながる新しいアイデアにつながっていく。

同書では、奥様の機嫌を直してくれるロボットへのニーズを例示している。これもぜひできてほしいと痛感しているが、経験からいえば、他にもお風呂掃除ロボット、料理してくれるロボットなど、家事を手伝ってくれるロボットは今後、流行るだろう。難しいだろうが、洗濯物をたたんでくれるロボットなどは、多くの主婦にニーズがあると思う。実際、家庭用掃除ロボット「ルンバ」は、掃除機としては高価格で、まだ使いにくいようだが、「面倒な掃除をしなくてもよい」というニーズにマッチし、ヒットしている。

「必要は発明の母」といわれる。「何が必要か」と考えれば、アイデアがたくさん生まれるはずだ。

発想のポイント②――大きくする

次は、現在あるものを大きくするという発想だ。大川総裁は『未来にどんな発明があるとよいか』で次のように述べる。

いろいろな新製品が、現にあるものを改造したり、改革したりすることによって生まれくるのであり、天から降ってくるように、まったく新しいものができるのではありません。現にあるものを、例えば、「大きくしてみたらどうなるか」「小さくしてみたらどうなるか」「逆にしてみたらどうなるか」、あるいは、

「異質なものと結合させてみたらどうなるか」等、あれこれ組み合わせてみることで、できるわけです。

『未来にどんな発明があるとよいか』142～143ページ

このように、新製品はまったくのゼロから生まれてくるわけではなく、現在あるものを少し変化させることでも生まれる。

例えば、立体を造形できる3Dプリンターの市場が爆発的に拡大している。フィギュアなどのホビー用だけでなく、人工骨などの医療用も作られている。では、この3Dプリンターを大きくしたらどうなるか？　建物の塗装や建築が可能となる「全自動住宅建設機」ができるだろう。実際、こうした研究は、すでにアメリカや中国でも行われており、建設スピードやコストを大きく削減できると期待されている。

照明も大きくしたら、建物の雰囲気もさまざまに演出できるかもしれない。照明はこれまで、点光源（0次元）の白熱電球、線光源（1次元）の蛍光灯管と進化してきた。現在、平面（2次元）の光源もすでにあるが、これをもっと大きくすれば、天井全体を淡く光らせることもできる。

液晶テレビも大きくして壁一面にはめ込んでしまったら、面白いことができるのではないだろうか。まさしく「壁紙」を変える感覚で、いろんな風景を画面に映せば、窓のない狭い家が高級リゾートホテルにもなる。テレビを家電のカテゴリーにとどめるのでなく、建築と組み合わせ、建物に組み込む発想だ。

自動販売機も液晶画面を使って缶ジュースなどの商品を映すなど進化しているが、小屋くらいの巨大な自動販売機ができれば、コンビニの代わりにもなる。

発想のポイント③——小さくする

大きくしたら、次は逆に「小さくしたらどうか」と考えてみる。『ロケット博士・糸川英夫の独創的「未来科学発想法」』では、糸川博士の霊が「ハエ型の小さな飛行ロボット」のアイデアを出している。ここにカメラを搭載すれば、スパイ衛星代わりに使えるというわけだ。また、先述した、家庭用ロボットの「ルンバ」も、もう少し小さくなれば、都会のワンルームマンションでも使えるようになって、一層マーケットが広がるはずだ。安全性が問われている原子炉も小型にすれば、安全に管理できるようになるという（ポイント⑤でも述べる）。

発想のポイント④ ——増やす

「増やす」ことも新しい可能性を開く。例えば、松下幸之助氏が発明した「二股ソケット」は、電球用とコンセント用の2つに分かれたソケットで、「増やす」発想の好例だ。また、コンピュータは、頭脳に当たるCPU単独の性能を高めることで処理速度を上げてきたが、通常1つだったCPUの心臓部分（コア）を2つ（DUAL）または4つ（QUAD）以上に増やし、同時並行で実行することでさらに処理速度を上げている。

乗り物も「増やす」という発想で輸送能力を上げられる。今のエレベーターは、縦のトンネルに人が乗る「箱」を1つだけぶら下げて上下に動かしているが、このトンネルをループ状にして、上り用と下り用にして「箱」を循環させることができれば、「箱」も増やすことができ、待ち時間が少なくなる。上越新幹線などでは2階建て車両も走っているが、これを山手線にも取り入れてみれば、混雑も緩和できるかもしれない。

発想のポイント⑤――逆発想をする

次に「逆にしてみる」という視点で、本来なら廃棄されるべきものを使えないかという発想がある。『ロケット博士・糸川英夫の独創的「未来科学発想法」』には、「エネルギーを消費して生まれるCO_2（二酸化炭素）と水を、新しいエネルギーに変える方法を研究すべき」という趣旨のことが述べられている。

実は、排出されたCO_2を使って発電する仕組みは、効率は悪いがすでに存在する。温室効果ガス削減目標を達成すべく、CO_2を地中に埋めようというプロジェクトが進んでいるらしいが、ここに技術と資金を投じるのはもったいない。どうせなら、CO_2をエネルギーに変えようという発想で研究を進めた方がよいのではないか。

また、電源喪失によって事故を起こした福島原発は、現在、放射性物質トリチウム（三重水素、^{3}HまたはT）を含んだ汚染水の処理が問題となっている。トリチウムは現在の浄化装置では効率よく除去できないために、技術者たちは頭を悩ませている。だが、このトリチウムは、二重水素（^{2}HまたはD）と核融合を起こしやすいという特徴を持つ。ゆえに、「汚染水＝処理できない廃棄物」ではなく、「将来の核燃料」と捉えて回収しておくのはどうだろうか。

『ロケット博士・糸川英夫の独創的「未来科学発想法」』

さらに、「危険だ」として敬遠されているものについては、「安全性を高めて積極活用する」という発想をしてみる。原発については、安全性を高める方向で技術革新を進めるべきだ。発電効率のよい技術を、1回の事故で捨て去ってしまうのは、あまりにももったいない。オスプレイも、既存のヘリコプターに比べればすでに事故率は低いが、安全性を限りなく高め、さらに乗り心地をよくすれば、軍事用ではなく民間の旅客機として使う道もある。垂直に離着陸できるオスプレイなら、広い飛行場がないところであっても飛んでいけるため、観光バスの代わりとして使えるかもしれない。

発想のポイント⑥――異質なものの組み合わせ

異質なものを組み合わせても新しい商品ができる。今ではどこにでもある「あんパン」は、もともと日本のあんこ餅と西洋のパンを組み合わせたもの。「あん」とパンは、本来「異質なもの」だったが、組み合わせたらまったく違うものが生まれたわけだ。また、アップルコンピューターのスティーブ・ジョブズのアイデアによって生まれたiPhoneシリーズは、電話機と音楽プレーヤーの組み合わせから始まったといえる。その他、例えば3Dプリンターとお菓子を結びつけて、おしゃれなスイーツ製造機を作るのも面白い。

今後は、機械工学と生物学が結びついたバイオミメティクス（生物模倣）の分野が伸びる可能性がある。先述した糸川博士の霊言では、「**自然界にすでにあるもののなかにある発明、つまり、『神様の発明』をよく読み解く必要があるので、工学をやりながら、同時に、生物の研究も十分にしておいたほうがいいよ**」（73ページ）との指摘があるが、昆虫の飛行原理を研究して飛行技術に生かしたり、魚を研究してスクリューとは違う船の推進技術を発明したりという応用が考えられる（後述の「未来科学鼎談」参照）。

また、インターネット上にあふれる情報を絞り込むために、「仏法真理」と「検索技術」を結びつけることを提案したい。情報を仏法真理との類似度で識別すれば、情報選択に真理価値が入ってくる。これによって、人を堕落させたり傷つけたりする暴力的な情報にフィルターをかけることができる。

以上、発想のコツを挙げてみたが、アイデアを生み出すために、脳漿《のうしょう》を絞って考え続けることと、アイデアを実現するための努力が前提となる。エジソンも語っているように、発明は99パーセントの汗が必要なのだ。

『湯川秀樹のスーパーインスピレーション』で、大川総裁も次のように述べている。

「無限のアイデアの塊」でなければならない

『湯川秀樹のスーパーインスピレーション』17ページ

アイデアは「千三つ」といって、千のアイデアを出して、3つ当たればよい、くらいに思っていた方がよいとよくいわれる。ソフトバンクの孫正義氏も、若いころ「発明を1日1つ、1年間続ける」ことを自分に課し、たくさん出たアイデアの1つを売って儲けることができたらしい。まずはたくさん発想してみることだ。

アイデアを元に未来産業をつくることができれば、富の源泉となりうる。大川総裁も、理系学部の研究に期待をかけている。

日本経済を再び成長の軌道にのせるのも、理系の仕事かもしれない。（中略）世の中にないものを発想し続ける中に未来の成長産業が出てくるのだ。

『ロケット博士・糸川英夫の独創的「未来科学発想法」』まえがき

未来の成長産業をつくる使命があるなら、理系学部でも企業家精神や経営成功の秘訣を学ぶ必要がある。幸福の科学大学では、技術経営の基礎を学ぶ科目をつくることも予定しており、経営成功学部も開設予定だ。技術のみならず、経営学を学んで、未来産業の担い手となる人材を輩出したい。
さらに、これからの理系人材には国際性も求められる。途上国への技術移転には大きな商機があるため、大学時代に高い語学力や国際社会で必要な教養を身につけておきたい。未来産業を興す研究では、未来に向けて、百倍、千倍、万倍の富を生み出す可能性がある。大川総裁の著書『トーマス・エジソンの未来科学リーディング』で、エジソンの霊は以下のように語る。

『トーマス・エジソンの未来科学リーディング』

「国を本当に富ませるのは、理系による発明なのだ」ということは知らないといけないね。（中略）
「理系には、富そのものを創造する力がある」ということだな。

『トーマス・エジソンの未来科学リーディング』119ページ

「殖産興業」といった政策部分は文系によるものかもしれないが、実際の富を生み出す種の部分は理系分野に眠っているのだ。

2　人類のサバイバルをかけた未来産業技術
――地球100億人の幸福学として

地球100億人時代にどう対応するか

未来産業技術は、人類の未来を救う使命もある。現在、地球には70億人以上の人が住んでいるが、すでに資源をめぐる問題が起き始めている。これ以上人口が増えれば、国家間で資源の争奪戦が本格化する危険も出てくるだろう。
国連が出している「世界人口展望」（２０１０年改訂版）は、「21世紀末までに、世界百億人時代がやってくる」と予測している。湯川秀樹博士の霊も、人類１００億人時代について、以下のように言及する。

「百億人以上の人口だったとしても、人々は地球に住めるのかどうか。住めるとしたら、いったい、どういう条件を満たせば、百億人以上の人が地球で幸福に暮らせるようになるのか。これについての条件をまとめなきゃいかん」と思っている。

『湯川秀樹のスーパーインスピレーション』１４７ページ

世界の人口増に伴って起こりうる諸問題を解決する道として、外交や安全保障といった文系的アプローチ以外に、理系は技術面からの対策が要請されるだろう。ここでは、〝Think Big!〟で、地球規模の発想法を提示してみたい。

地球規模で考える①　――エネルギー問題

まずは、エネルギー問題について。福島第一原発の事故によって、日本国内では情緒的な「脱原発運動」が起こっている。世界的に天然ガスの価格が下がっているが、日本では「脱原発」で、現在、電気代の高騰を引き起こしている。さらに問題なのは、エネルギー安全保障だ。日本のエネルギー自給率は4％に過ぎず、国家としても不安定だ。もし「脱原発」をいうならば、有効な代替エネルギーを早急に考える必要がある。

国家社会主義の危険性を指摘し、ヒトラーのようなカリスマへの権力の集中を批判したドラッカー的にいうなら、エネルギーも一極集中型ではなく、分散して確保するほうが社会的にも安定し、安全であろう。

　現在のところ、最も発電効率がよく、安定的に電力を供給できるのは原子力発電だ。ゆえに安全性を高める方向での研究が待たれる。原子炉を小型化することによって、安全なものができるという研究者もいる（大下，２０１１）。小型化して、地中深くに埋めておけば、テロ攻撃からも防げる。

　原子力以外にも未知のエネルギー開発が期待される。研究中のものでは、例えば、常温核融合とＣＯ^{2}発電（前述）がある。現在はウランの核分裂型原子炉が主流だが、核融合型の原子炉も研究されている。このうち、ヘリウム３（^{3}He）と重水素（D）の核融合も有望視されている。ただし、原料となるヘリウム３は地球上には少なく、月に豊富に蓄積しているとされる。太陽風からヘリウム３が供給され、空気のない月面に蓄積されるからだ。中国が月面着陸船を送っているのは、このヘリウム３を独占しようとしているためだとの報道もある。木星の大気中にも、地上の１００倍の濃度のヘリウム３が含まれているとのことで、エネルギー源確保のためにも、宇宙探査計画を積極的に進めるべきだ。
なお、『黄金の法』には、未来予言についても書かれており、そのなかに西暦2100年代の月面ドームの記述がある。

月面上には酸素がないため、直径一キロぐらいの半球状の透明なドームがあります。（中略）
月には、地球にはないエネルギー鉱石があり、それを採取することによって、工場でエネルギーをつくり出しているのです。

『黄金の法』321ページ

ここでふれられた「エネルギー鉱石」とは、ヘリウム3が蓄積された鉱石かもしれない。他にも、未知のエネルギー鉱石が見つかる可能性や、安全な核エネルギーを抽出できる新しい方法が見つかることを期待したい。

ところで、「ある星の進化度はエネルギー消費量で測られる」という説があるのはご存知だろうか。技術文明の水準を、使用するエネルギー量によってレベル分けしようとする考え方である。タイプⅠの文明は惑星規模のエネルギー、タイプⅡの文明は恒星規模のエネルギー、タイプⅢの文明は銀河規模のエネルギーを、それぞれ消費するという。もちろん、それだけの規模のエネルギーを生み出していることが前提となる。地球文明においては、木材（薪）↓石炭↓石油↓原子力と、より大量生産できるエネルギー源へと進化してきた。だが、ミチオ・カク『２１００年の科学ライフ』によれば、地球の文明はタイプⅠにも達していない。「省エネ」の考えも大事だが、文明の進化という観点では大量のエネルギーが必要であり、そのためのエネルギー源の確保が重要という考え方もあるのだ。

エネルギーを大量生産、大量消費するためには、安全性に加え、低コストであることも重要だ。実際、国民一人当たりのエネルギー消費量を比較すると、中東やカナダなど、発電コストの安い国が大量消費しており、エネルギー面では「豊か」である（IEA「一人当たり一次エネルギー消費量」等参照）。

地球規模で考える②——食糧問題

人類100億人が飢えないようにするには、食糧の確保も重要なテーマだ。食糧生産が可能な農地や、農業に従事できる人手は限られているため、今後、「植物工場」のニーズは高まってくるだろう。いずれは、種苗、育成、収穫まで自動的に行う仕組みもできるかもしれない。水不足の砂漠地帯、痩せた土壌が広がる地域、農業技術が未発達の途上国においても、植物工場の需要は大きい。

将来的には、魚の養殖についての研究も進むだろう。ただし、安定的な養殖技術の確立には時間がかかる。近畿大学の「近大マグロ」は実用化までに30年近くの時間を要している。また、国連食糧農業機関（FAO）は、今後、世界的に食糧生産ペースが鈍化する見通しのなかで、タンパク源確保のため、昆虫食を推奨するレポートを発表した。だが、これは文化まで変える必要があるため、かなりの時間を要するかもしれない。

先ほど宇宙への進出についても触れたが、宇宙での長期滞在には食糧供給のシステムが欠かせない。宇宙空間においても稼動できる植物工場や養殖設備は不可欠である。

ただし、この食糧問題は、先述したエネルギー確保の問題と密接に絡んでいる。エネルギーがなければ、植物工場や養殖設備は動かないし、安全な水を確保するにもエネルギーが必要だ。大川総裁の著書『アインシュタインの警告』において、アインシュタインの霊は、「**エネルギーの安定的な供給ができれば、食物の大量生産も可能です**」と述べている。エネルギー供給システムと食糧供給システムを備えることができたら、人類は危機を乗り越え、まだまだ発展の余地がある。

地球規模で考える③ ――防災

今年（２０１４年）８月には広島県で大規模な土砂災害が、９月には御嶽山《おんたけさん》で突然の噴火が起きた。こうした自然災害から身を守るための防災対策技術の研究も必要である。だが、ここでは逆転の発想を提示してみたい。大川総裁は次のように述べる。

> 自然災害が多いので、この自然災害を逆手に取って、「何らかのエネルギー源に換えられないかどうか」を考える手はあると思います。
>
> 『未来にどんな発明があるとよいか』１１０ページ

同書では、「巨大竜巻を消滅させる研究のなかには、竜巻のエネルギーを吸収してしまう方法もある」といった提案もある。

実際、スタンフォード大学の研究者らが、巨大風車を海上に並べて大規模な洋上風力発電を行うことが、ハリケーンの抑制につながるという研究結果を発表した。風力発電は安定的な電源ではないが、ハリケーンのエネルギーを一部吸収でき、エネルギーを取り出すことができるなら、一石二鳥ではある。

以下はアイデアレベルの提案だが、風力発電でも羽根を回転させる形態だとエネルギー変換効率に上限があるらしいので、カーボンファイバー製の巨大な帆のようなもので風力をそのまま受け、圧力を電気に高効率で変換できる圧電システムができれば、うまくいくかもしれない。

地震や火山についても、同様のことがいえる。御嶽山のみならず、日本には活火山が110もあり、地震大国だとされているが、逆転の発想をすれば「それだけエネルギーが眠っている」ということになる。

今でも、桜島などでは地下でマグマが増え続けているらしい（9月21日放送NHK「巨大災害　MEGA　DISASTER　地球大変動の衝撃　第4集」より）。これらの火山から、噴火する前にマグマを少しずつ取り出して、石油代わりのエネルギー源として発電できないかという研究はあり得るだろう。現在のボーリング技術では、地下10ｋｍ以上の掘削ができるので、浅いマグマ溜まりには当てられる可能性がある。マグマを抜いてしまえば、地震も防止できるかもしれない。さらに、豪雪地帯として知られる冬季の日本海側では、マグマを融雪の熱源として使える可能性もあるかもしれない。

地震や火山を危険視するのではなく、「エネルギーに変えられないか」と、〝逆転の発想〟で見ることで、新しい道が開ける可能性がある。

3　宇宙――それは次のフロンティア

宇宙産業は基幹産業になり得る

エネルギーや食糧、防災などの分野において、未来技術を高めていくことは、文字通りサバイバルにつながるが、視点を「宇宙」という高い所に置くことも重要だ。「技術大国・日本」というフレーズを至るところで見聞きし、そう自負している日本人も多いはず。だが、宇宙の分野における日本の存在感は極めて薄い。

例えば、これまでに宇宙への有人飛行を成し遂げた国を振り返ると、ソ連（現ロシア）とアメリカはともに1961年に成功させ、2003年に中国が成功させている。もちろん、日本はまだである。宇宙・航空産業を日本の基幹産業へと育てることを提唱する大川総裁は、次のように指摘する。

現実に、どこまで行けるかは別として、やはり、「宇宙技術の開発」を断念したら、未来おいて〝後進国〟になっていくのは確実だと思われます。

アメリカやロシア、中国まで有人飛行を行っているなかで、日本がまだ「有人飛行」をできないことについては、日本の技術レベルからすれば、はっきり言って、「やる気がない」としか言いようがありません。「宇宙に行く必要もない」という感じなのでしょうが、「好奇心を持って、人類のフロンティアを拓く」ということであれば、やはり、宇宙に出なければ駄目なのではないでしょうか。

『「未来産業学」とは何か』57〜58ページ

世界に誇る技術力を持ちながら、これまで日本が宇宙技術の開発に消極的だった背景には、他国では宇宙開発と不可分の「軍事」への過度なアレルギーがあったからだと推察される。

だが歴史的に見れば、宇宙技術の開発の過程で生まれた最先端技術が技術移転（スピンオフ）され、私たちの生活をより一層豊かなものに変えてきた。また、現在の自動車産業がそうであるように、宇宙産業は国の経済を支える「基幹産業」の柱になり得る。

例えば、アポロ計画の過程で生まれ、現在は日常生活のなかで身近になっているものも多い。照明や医療機器などに幅広く利用されている「レーザー」は、地球と月の距離を正確に測る測定技術としても開発された。今では、建設現場やゴルフ場などで目標物までの距離を測るために使う「レーザー距離計」などにも応用されている。

ほかにも、アポロ計画から生まれたものとして、太陽電池・燃料電池、ロボットアーム、高信頼性集積回路、浄水装置、カーボンファイバー強化プラスチック、ガンマ線検出医療検査機器（CTスキャン）などがある。

アメリカの宇宙開発は進んでおり、近年では、国際宇宙ステーション（ISS）に水や食料などを届ける無人補給船の打ち上げは民間企業に委ねられることになった。また、アメリカ航空宇宙局（NASA）は、2030年代半ばまでに火星有人飛行の実現を目指しており、すでに試験機の開発に着手している。

こうした状況を見ると、国内の宇宙開発を所管する文部科学省の発想はまだまだ小さいといえるだろう。

宇宙開発は大きなビジョンで

あらゆる技術が生み出される原点は人間の発想である。そこで、宇宙開発についても大きなビジョンを描く必要がある。

例えば、先述した月面のヘリウム3や、土星の衛星タイタンの地表面に存在するメタン（エタンが主体という研究もある）などのように、衛星・惑星の探査によって未知のエネルギー源を採取したり、宇宙空間で研究や観光をするための施設の建造もあり得る。大手ゼネコンの清水建設は「シミズ・ドリーム」と銘打ち、月面基地や宇宙ホテルなどの構想を描いており、夢が広がる。

また、宇宙航空研究開発機構（ＪＡＸＡ）でも研究を進める、宇宙空間に巨大な太陽光電池を広げ、集めた太陽光エネルギーをマイクロ波やレーザー光に変換して地上に送る「宇宙太陽光利用システム（ＳＳＰＳ）」など

月面基地　清水建設HPより

のようなスケールの大きな技術も期待できるかもしれない。

旧ソ連のガガーリンが、世界で初めて有人飛行に成功してから半世紀。宇宙に関して未知の部分は多く、そこに到達するのは、まだ限られた人間だけにしか許されておらず、多くの困難が伴う。だが発想を逆転させれば、困難であるからこそチャレンジする意味があり、それを達成することで得られる喜びや蓄積される人類の智慧も多大なものとなる。

日本の大学では、ＪＡＸＡなどがロケットを打ち上げる際、ロケットのスペースを間借りして10〜50センチ角程度のキューブ・サット（小型人工衛星）を打ち上げている。だが、これだけ高度な知識や技術を蓄積した日本の大学であれば、大学単体の事業として、月に探査機を送れるような日が到来してもおかしくない。月面に存在するといわれる宇宙人の基地ぐらい、大学で発見したいものだ。

4　魅力的な先端科学、先端技術　――ＳＦが現実化する

この世に存在しない宇宙技術を生み出す

宇宙に出遅れている日本は、産学官の連携強化によって、宇宙技術の開発を加速度的に進め、宇宙をもっと身近な存在にするべく、強い意志を持って「引き寄せる」べきであろう。

そのためには、前述した「基幹産業」という視点だけでなく、まだこの世に存在しない、先進的な宇宙技術を生み出すという視点も不可欠である。大川総裁は、こう指摘する。

そのなかには、例えば、「多次元の解明」から、「宇宙航行の方法」、それからUFOなるものが存在するとしたら、その「UFOの推進原理」や「エネルギー源の解明」等があるでしょう。また、他の惑星に生命体があるとしたら、「地球外生命体の研究や、交流の仕方」等の研究もあるでしょう。

『「未来産業学」とは何か』78～79ページ

現段階で、期待できる先進技術には、次のようなものが挙げられる。

期待したい未来技術①――ワープ航法

ドラマや映画でも人気の「スター・トレック」や「スター・ウォーズ」、日本でおなじみの「宇宙戦艦ヤマト」等では、大きな宇宙船が光の速度を超え、一瞬にして広大な宇宙空間をワープするシーンが描かれている。太陽系にもっとも近い恒星ケンタウルス座α星は4光年、わし座のアルタイルは17光年、こと座のベガは25光年、プレアデスは400光年以上離れているが、ワープ航法が可能にならなければ、太陽系の外側を探査することは難しい。

だがワープ航法は、決してSFの世界だけにとどまらない。欧米ではすでに研究対象となっている。

例えば、世界的権威のアメリカの物理学会誌フィジカル・レビュー（Phys. Rev. D）等には、ワープ理論に関連した論文が掲載されて

NASAが発売した「ワープ宇宙船」のデザイン　©NASA

いる。時空のトンネルと呼ばれるワーム・ホールを通る説や、裏宇宙（反宇宙）を通過する方法などが考えられているようだ。すでに、NASAでも「ワープ宇宙船」のデザインが発表されている（右写真）。

異星人がUFOで地球に飛来しているのなら、出発地は太陽系以外の恒星系であるはずなので、必ずワープ航法を使用しているはずである。つまり、ワープ理論はUFOの推進原理の1つといえる。

おそらくワープを実現するには膨大なエネルギーが必要と思われるが、現在の科学技術では、宇宙船に搭載できる量のエネルギー源でそれをまかなうことは不可能であろう。

そこで登場するのが、SFなどで出てくる「反物質ロケット」だ。「反物質」とは、核子と電子から構成される通常の物質（正物質）に対して、それらの反粒子である反核子と陽電子から構成される物質である。現在、反物質は粒子加速器でわずかに生成されており、反物質と正物質が反応する時に莫大なエネルギーが発生する。核分裂や核融合では、原子核の質量の一部がエネルギーに変わるのに対して、反物質と正物質との反応は質量のほとんどすべてがエネルギーに変わるので、エネルギー効率が非常に高いという。しかし、現在の技術では、反物質を大量につくることはできないし、正物質と反応してしまうために、微量しか貯蔵できない。今のところ貯蔵できるのは、映画にもなったダン・ブラウン著の『天使と悪魔』などの物語の世界のなかだけだ。ただ、何百年（?）先には確立できそうな技術である。

期待したい未来技術②——反重力

同じくUFOの飛行原理と呼ばれるのが、重力に反発する「反重力」である。気球やヘリコプターのように単に浮上するのでなく、地球の万有引力そのものを打ち消したり、反発したりする技術だ。

映画「アバター」に出てきた、パンドラの星にある浮遊する超伝導物質アンオブタニウム（地球では1kg2千万ドルで取引されている設定）という物質や、宮崎駿監督のアニメ「天空の城ラピュタ」に出てきた「飛行石」などは架空のものだが、もしかしたら反重力の性質を有する物質があるかもしれない。

重力の基になる万有引力は、磁力のN極・S極のような2極ではないため、質量を持つ物体間に引力としてのみしか存在しないのが特徴だ。現在のところ、万有引力と反対の、物体を遠ざける力、すなわち斥《せき》力は発見されていない。反重力に関して研究例もあることにはあるが、怪しいものが多く、また、特許も出されているようであるが、効果の期待できない着想レベルのものが多い。

ただし、単に浮上するだけの技術であればすでに存在する。例えば、反磁性の物質による磁気浮上だ。リニアモーターカーでは、超電導による完全反磁性（磁力がその物質内に全く入り込めない性質）による浮上が利用されている。

興味深いのは、水が反磁性の性質を持つことだ。超強力な磁石を用いて生きたカエルを空中に浮かばせることが、すでに国内でも実証されている。脂肪分の多い人は別として、人間も水分比率が高いので、原理的には強い磁力で浮上することができる。ただ、その際に必要な極めて強い磁場が、人体にどのような影響を及ぼすかは未知数である。血液のヘモグロビン分子中に含まれる鉄により、血液が足元に引っ張られる、などということが、もしかしたらあるかもしれない。

超伝導物質は最も高温のもので、これまで零下１３８℃（１３５Ｋ）という温度で超伝導状態になるものが発見されている。今後、もっと高い温度の常温で超伝導状態になるような物質が見つかれば、リニアのような交通手段のみならず、さまざまな分野での幅広い利用が可能になりそうだ。

視覚的にイメージするならば、映画「バック・トゥ・ザ・フューチャー2」に出てきた、反重力装置で浮上するスケートボードのような「ホバーボード」。また、「スター・ウォーズ」第1作目（エピソードⅣ）に登場したルーク・スカイウォーカーが乗る「ランド・スピーダー」などである。『黄金の法』で予言されている、生体磁気によって人間が遊歩道の上を浮上して移動するという30世紀の技術につながるかもしれない。

期待したい未来技術③——霊界通信機

2009年、アメリカの玩具メーカーが開発した、ヘッドセットから送られた脳波を電気信号に変換してファンを回し、ピンポン球を浮かせて遊ぶ玩具、「スター・ウォーズ・フォース・トレーナー」が注目を浴びた。

2014年1月、人間の想念が、物理的な装置に影響を及ぼすという興味深い実験がテレビで放映された。NHKの「ザ・プレミアム　超常現象　～科学が挑む不可思議な世界～　第2集 秘められた未知のパワー ～超能力～」のなかで紹介されたのは、ネバタ砂漠に大きな人形を立てて燃やすというイベントの会場に、乱数発生器を設置するという、アメリカのある心理学者の実験。イベントのクライマックスで人形が燃え上がった瞬間、会場に設置していた乱数発生器は、通常であれば

230万分の1の確率でしか起きない、「1」の発生ばかりという大きな偏りを示した。

乱数発生器とは、「0」と「1」がランダムに50％の確率で発生する装置で、Webの暗号化にも使われているものである。量子力学的に乱数を発生させる精巧な仕組みのものは、理論上、外部の影響は受けないはずのものだ。

ちなみに、乱数発生器は世界に100台以上設置されており、アメリカのプリンストン大学では、それらの乱数発生の状況をリアルタイムで計測し、世界中で起こる事件や人間の意識が及ぼす影響を調べている。9・11米同時多発テロの時も、バランスを逸脱した乱数のデータが計測されたらしい。人間の意識が何らかの形で物理的な力を持ち、乱数発生器に影響を与えていることが推測される。

もしかしたら、乱数発生器の「0」と「1」のバランスだけでなく、乱れの周波数特性など、発生パターンをもっと詳細に解析すれば、人間の想念との関係がもう少し解明されるかもしれない。

発明王エジソンが構想していた「霊界通信機」もこの延長線にあるのかもしれない。これは、亡くなった人、霊界の住人となった人の意識と通信する機械である。異次元の思念を音声に変換する装置となると、当然、霊界科学の解明が必要になり、実現までの道のりは極めて難しいだろうが、霊界通信機の可能性を探るとすれば、まずは脳のシミュレーターとなるかもしれない。ある程度の量のシナプスの電気信号を感知するセンサー、またはアセチルコリンなどの神経伝達物質を感知するセンサーを、脳を模した有機物に付け、センサーが得た信号を解読することによって、何らかの思念を信号や音声に変換する。電子工学と霊界とを融合させることで、開発できるかもしれない。この方法であれば、霊界からの音声通信だけでなく、簡単な動作をコントロールすることも可能となり、ある意味で、霊が肉体をコントロールする人体と同じ状況を部分的に再現できるかもしれない。

また、高精度の霊界通信機が実現すれば、異次元である「霊界」の仲介を利用し、他の技術への応用も可能なはずである。例えば、釈尊が持っていた、天眼《てんげん》（霊視）、天耳《てんに》（霊言）、他心《たしん》（読心）、宿命《しゅくみょう》（自他の将来を見通す）、神足《じんそく》（幽体離脱、テレポーテーション）、漏尽《ろじん》（精進能力）という六大神通力のいずれかを実現する機械ができるかもしれない。霊界通信機を経由して、過去や未来も自在にアクセスできれば、ある程度の過去世リーディング、未来世リーディングなども機械でできてしまうことになる。

唯物的な価値観が広がる現代には、霊界の存在や「霊言」を疑う人もいるだろう。しかし、エジソンも考えていた霊界通信機のアイデアは「霊界の存在、霊人の存在は当然である」という考え方を前提としている。霊界通信機ができれば、霊言は疑う余地のないものとなり、霊言の内容は学問の研究対象にもなるだろう。そうなれば、霊言を疑っていた人は、ガリレオの時代に天動説を信じていた人々と同じように、古い常識、カッコつきの「常識」に囚われている人々と見なされるはずだ。

ただし、霊界通信機で聞ける内容は、霊界の低い次元、この世の3次元に近い次元の霊界からの通信に限定されると思われる。おそらく、地獄霊による霊界通信も含まれるであろうし、通信内容の判定には注意が必要である。当然ながら、現在、大川隆法総裁がされている高級霊の霊言の内容には到底、及ばないであろう。

幸福の科学の教えをヒントに未来産業を

ここまで、未来産業を生み出す具体的な発想法をいくつか挙げ、また、UFO技術や霊界通信機にまで大胆に言及してきた。前半のアイデアの部分は、すでに考案したり、研究したりしている人もいるかもしれない。もしいなければ、やる気のある人や関連する企業で研究していただいてもいっこうに構わない。

また、UFO技術のようなものについては、まだまだ懐疑的にとらえる人もいるかもしれないが、NASAの研究者をはじめ、先進的な研究者はすでに取り組み始めている。今後は、幸福の科学大学を含め、世界中の大学や研究機関で解明・開発が進むことになるだろう。宇宙はまさに「未来産業」を拓く分野であり、これを否定する人はいまい。

ただし、ここに挙げた未来技術はほんの一部であることを付記しておく。大川総裁の法話や経典には、「未来科学」「未来産業」に関するヒントが満載であり、「宝の山」である。この法話や経典に触れた人のなかから、50年後、100年後に大きく花開く未来産業の種を育てる人が出てくるはずだ。

未来科学鼎談

夢の未来をどう拓くか

未来の人類が必要とする産業を実現する願いを込めて、
設置を申請している幸福の科学大学の未来産業学部。
開設準備を進めるスタッフとともに、
将来の未来科学、未来技術に関して、夢を語り合った。

Three-man talks

Kaijo Kondo × Takayoshi Kimura × Atsushi Kaji

木村 貴好

（きむら・たかよし）１９７１年生まれ。埼玉県出身。筑波大学大学院農学研究科博士課程単位取得退学。博士（農学）。昆虫機能の化学生態学的解明と種分化について研究する。茨城県生物工学研究所で天敵を用いた害虫防御法の研究などを行なった後、２００８年、幸福の科学に奉職。

梶 敦次

（かじ・あつし）１９８１年生まれ。香川県出身。慶應義塾大学大学院理工学研究科総合デザイン工学専攻修了。修士（工学）。株式会社村田製作所、東京工業大学共同研究員を経て、２０１２年に幸福の科学に奉職。専門分野は光エレクトロニクスと流体力学で、面発光型半導体レーザ（VCSEL）や軸流ファンの研究開発に従事していた。

他大学の理系学部にはない未来産業学部の特徴

近藤　本日は、未来産業学部の開設準備を進めている木村さんと梶さんと私の3人で、未来産業の姿について、夢のある話ができればと思っています。

まず、これからできる未来産業学部では具体的に学生たちに何を教えるのか、教授、講師陣はどのような研究を行うつもりなのか、非常に気になるところだと思います。そこで、まずは未来産業学部の長所や強み、他大学の理系学部にはない特徴などについて、お2人の思いを伺おうと思います。

木村　原点にはもちろん、幸福の科学大学の創立者である大川隆法総裁が語っていらっしゃるように、未来の人類が必要とする新しい産業を実現していこうという強い念いがあります。幸福の科学グループは、全人類幸福化を目指していますが、その理念のなかで、「理系の学問はどうあるべきか」を探究していく姿勢が、他の理系学部と異なる点だと思います。

その意味で、研究成果を産業に結びつけることで富を生み出し、未来の人類が豊かな暮らしを享受できることを念頭に置いています。その方法として特徴的なのは、例えば、工学に自然科学の分野を融合あるいは統合させて、新しい価値を創り出そうとしている点が挙げられると思います。また、他の理系学部にはあまり見られないことですが、マネジメント系の科目も重視して、これから成長すると思われる技術を、いかにして産業に橋渡ししていくかまで考えて、カリキュラムを組んでいるあたりは、理系学部として新しい取り組みだと思います。

近藤　実は、個別に見ると、既存の大学にあるような要素も割と多いのですが、それを「人類幸福化のために、新しい未来産業を創る」という理念のもとに組み立てているところが大きな特徴だといえますね。異なる分野同士の融合という点についていえば、教授、講師陣のラインナップとしては面白いものとなりました。梶さんはどう思いますか。

梶　確かに、未来産業学部・産業技術学科という1学部1学科ですが、そのなかに本当にいろんな専門の方が入っているところが面白いと思っています。授業科目を見れば、機械工学や電気電子工学、情報分野はもちろん、生物や化学も学ぶことができ、様々な分野の学問とその専門家がたくさん集まっています。それら今ある技術を統合することによって、新たな視点が生み出され、理系のイノベーションが起きていくのではないかと期待しています。

近年、研究者の「タコつぼ化」ということがよくいわれていて、それぞれの研究者が機械工学科なら機械工学科という同じ専門家だけで集まって、外の分野に踏み出さない傾向があります。

しかし、幸福の科学大学の根本には、大川総裁が説く仏法真理があって、研究者たちはその共通した理念を掲げていますから、分野を超えて交流できることが1つの強みだと思います。

未来産業学部の可能性として、技術の統合以外にもう1つ挙げられるのは、この自然界を創られた「神の設計図」を発見していくことです。創造主であるエル・

カンターレの光は、愛や正義、芸術、哲学など様々に分かれていますが、理系はおもに銀色光線（注1）といわれています。機械工学分野の発展に寄与したボルツマンや蒸気機関を発明したジェームズ・ワット、電磁場を発見したマイケル・ファラデーや、電磁気学を確立したジェームズ・クラーク・マクスウェル、電球を発明したエジソンなど、理系の様々な分野の発展には、そうした銀色光線に属する偉人たちの努力があったわけですが、各分野を仏法真理の観点から深堀りしていくと、世界を創造した「神の設計図」に繋がっていく気がします。例えば、電磁波の共鳴・共振現象や、原子が粒子であると同時に波として存在しているという量子論など、よく考えればとても不思議な理論ですが、当たり前の前提として工学分野へ応用されています。それらは特にその可能性があるのではないでしょうか。

木村　銀色光線に分類される科学者たちも、科学を進歩、発展させることによって、神仏の御心に適った世界を実現するという使命を担っています。その喜びや使命感を共有できること、もとは人類幸福化の光の一部なのだという認識が、統合への動機づけになるはずです。

近藤　人類幸福化はもちろん文系も同じですが、研究のための研究ではなく、その方向性が明確になっていることが未来産業学部の大きな特徴といえますね。

統合という意味では、今でもメーカーなどは、1つの専門分野の知識や技術だけで製品を作ることが難しくなってきています。

梶　そうですね。ロボットを例に挙げると、機械的な機構部分もあれば情報伝達のための電気部分もあるし、その全体をまとめて制御する情報工学的な部分も必要ですから、1つの分野を極めただけでは対応できない部分がどうしても出てきます。

その点、未来産業学部では、学生の頃から統合する視点が学べるので、社会に出てから比較的広い視野で物事を見ることができるようになると思います。

木村　9月に御嶽山《おんたけさん》が噴火しましたが、地球科学も生物との関わりで何かできると予知に貢献できるかもしれません。噴火や地震などの災害直前に、何らかの変化を感じ取る生物がいるのではないでしょうか。災害などの際には、事前に霊界の側に徴候が現れているという話もありますが、そうした変化を感じ取っている生物を見つけ出し、研究することは防災につながります。他大学ではそれほど研究されていないテーマです。

近藤　地震が起こる際には、地中から電磁波が出ているといわれていますが、そういうものを昆虫などの生物が感じ取っている可能性があると。

梶　日本全国に地震計が置かれていますが、植物などの生物センサーを置くことで、もっと精度の高い地震予測ができるようになるかも知れません。

木村　未来産業学部には地球科学を専門にされている方もいるので、機械や電気電子、生物など、他分野の方々と連携して、新しい創造ができるのではないかと楽しみにしています。

さまざまな分野を組み合わせることで、新しい学問が生まれてくる可能性がありそうですね。

生物学と工学の融合は可能性に満ちている

近藤　技術は日進月歩ですから、教員の側も新しいものを常々、学んでいく姿勢が必要ですね。先日の未来産業学部の教員予定者の集いでも、専門の井戸を2つ掘るべきだという発表がありました。それだけでもずいぶん変わってくるでしょう。

梶　大川総裁は著書『大学生からの超高速回転学習法』のなかで、1つの専門を極めると同時に、それ以外の分野も勉強して、視野を広げることが大事だと指摘されています。もちろん理系にも通ずることです。

近藤　大川総裁は、異なる2つの学問には物の見方や考え方に傾向性の違いがあるので、異分野を勉強することによってその学問間格差を利用し、お互いが発展できるという主旨のことを説かれています。

未来産業学部にはいろんな分野の教員が集まる予定なので、面白い「化学反応」が起こる予感がありますが、その1つが工学とバイオ系統の融合（注2）です。これは木村さんの専門分野ですね。バイオ系統は、未来産業にどのような道を開いていくのか、そのビジョンを聴かせていただけますか。

木村　今から約5億4千万年前の古生代カンブリア紀から、動物化石が爆発的に多様化しており、これを一般に「カンブリア大爆発」といいます。この時点から見ても、生物は約6億年の長きにわたって、生命を途絶えさせることなく、連綿と伝え続けています。地球のあらゆる環境の変化に対応してきた、その生命力や智慧が生物のなかには詰まっているはずです。

そうした生物が蓄積してきた智慧を学び、技術として抽出することが求められる時期に来ているのではないかと思います。

例えば、工学の分野は、大量消費になりがちだったため、今ではエネルギーの効率化が不可欠になっています。限りある資源をいかに有効利用するかが問われ、いわば「踊り場」の時期に当たるわけですが、その際、参考にするべきものは生物です。

生物は、資源を効率的に使うことができ、なるべく低エネルギーで種を次世代に繋ぐことができます。

近藤　技術には、イノベーションに次ぐイノベーションが必要ですね。資源の使い過ぎで行き詰ってきているのは、生物学にたとえると、ある特定の種だけが異常に繁殖して、バランスを崩している状況なのかも知れません。無駄をなくすには、もっと生物に学ぶべき点があるのでしょう。

私は以前、箱根精舎で聖務をしていましたが、箱根は降雨量が多くて、かつ高度差が結構あるため、植物の種類がとても豊富で、それに伴って鳥類もすごく多様でした。一見すると、無秩序に繁茂しているように見えますが、実は、様々な動植物が調和を取って生存している事実に気づいて、感動したことがありました。

木村　生態系がつくる調和ですね。生物のなかにあるクリエイティビティを、工学として学んでいける余地は数多くあると思います。

近藤　以前聞いた話ですが、マンボウという魚は、流体力学的にいうと最悪だそうですね（笑）。なぜ、あの体型で泳げるのか不思議なくらい。あと、昆虫でもすごくユニークな形態の種がいるなど、創造の際に神様は遊ばれたのかと思うような種もいっぱいあるそうですね。

クマバチの写真とマンボウの写真

木村　クマバチは、ずんぐりむっくりした体に小さい翅《はね》がついていますが、航空力学の観点からすると飛べるはずのない構造とされてきました。実際には、流体力学のレイノルズ数（注3）を計算に入れることで、なぜ飛べるのか説明できるのですが、昆虫は、未知の自然現象に私たちを誘ってくれる可能性が高いといえます。

梶　生命の進化は、機能性だけを重視するとは限らないようです。

木村　最適化だけではなくて、種を保存するための許容範囲内で、「遊び」や「美」の部分があるのではないでしょうか。

梶　電子顕微鏡や3Dスキャン、3Dプリンターなどの発達によって、生物の特性を工学に生かす道が開けてきていますね。
　例えば、世界一美しい蝶といわれるモルフォチョウは、鮮やかな青色に輝く翅を持っていますが、青く輝く理由が分かったのは、電子顕微鏡によってモルフォチョウの鱗粉《りんぷん》の構造が明らかになったからです。この鱗粉には、超微細な格子状の溝があって、そこに棚上の襞《ひだ》がついているのですが、この襞が青色の波長の光だけを反射するため、眩《まばゆ》い青色の輝きが生まれるのだそうです。ある先生（兵庫県立大学高度産業科学技術研究所の松井真二教授）は、この構造を再現すれば色素や染料を使わなくても７色すべて出せるようになるとおっしゃっています。

　こうした画期的な技術が、必ずしも光工学的な積み重ねではなく、生物の構造を研究するなかで生まれてくることに感嘆してしまいます。生物から謙虚に学ぶ必要性を感じますね。

モルフォチョウの写真と鱗粉の断面図

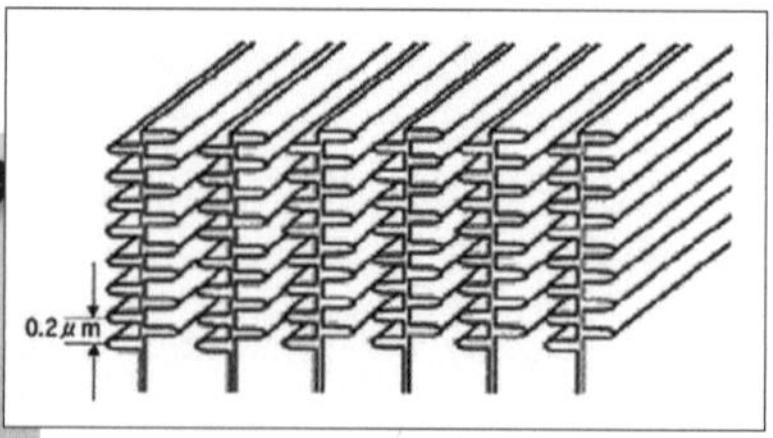

独立行政法人科学技術振興機構HPより

近藤　バイオミメティクス（生物模倣）の観点で、他に注目している技術はありますか。

梶　航空系に応用できる仕組みは数多くあると思います。私たちが普段乗る飛行機は大きな翼をつけていますが、あれは流体力学の観点から見ると、ベルヌーイの法則（注4）に従って揚力が発生し、安定して浮かび上がる構造になっています。

しかし、実際には、飛行中に翼の表面が凍りついて、形状が少し変化したために揚力が下がってしまい、コントロールが効かなくなった例もあるなど、非常に不安定ともいえます。また、大きな翼を持っていると、当然ながら、急な旋回ができません。このあたりは、生物の飛行原理から何かヒントが得られるはずです。

木村　糸川博士の霊言（『ロケット博士・糸川英夫の独創的「未来科学発想法」』）でいわれたように、空を飛ぶ生き物はすべて研究対象ですね。

梶　ハチドリは毎秒約55回という高速で羽ばたき、空中で静止したり、急に方向転換したり機敏な動きができます。流体力学的な解明が進んでいますが、将来的には空飛ぶ車にも応用できる可能性もあるかなと考えています。

アメリカで開発されている空飛ぶ車は、翼が折り畳み式になっていて、飛ぶ時だけ出てくるようになっていますが、いかにも不格好で不安定な感じがします。生物からヒントを得て、もっとスマートなものを目指したいですね。

近藤　人類がこれまでに発明した空を飛ぶ乗り物には、鳥や昆虫のように羽ばたくスタイルのものがないですね。ジェット機やヘリコプターなどは、ある意味、自然界では特殊な飛行形式です。

木村　昨日、散歩している時に、たまたまヒラタアブが空中で静止しているのを見たのですが、次から次へと花を訪れるためには機敏な動きが必要で、わずか1センチくらいの昆虫にその仕組みが詰まっているのは、しみじみすごいなと思いました。ありきたりな、どこにでもいる虫なんですが。

梶　航空機の翼は、航空力学に基づいて緻密に計算して作られていますが、昆虫などの翅には、流体力学的に見るとむしろ無駄があるそうです。しかし、それが功を奏して、揚力が働かなくなる瞬間を意図的に作り出すことができ、急な方向転換などの機敏な動きが可能になっているそうです。冗長性を持った設計になっているんですね。

航空技術はまだまだ進歩する余地があると思います。

近藤　永続的な進化をするためには、意外と「遊びの部分」が大事なのかもしれませんね。

夢のある未来の研究テーマとは

近藤　未来産業への研究テーマとして、大川総裁から『トーマス・エジソンの未来科学リーディング』や『湯川秀樹のスーパーインスピレーション』『ロケット博士・糸川英夫の独創的『未来科学発想法』などをいただいていて、そこには独創的なアイデアが数多く登場しています。今から50年後、100年後までを見据えた研究テーマとして、どのようなものが期待できるでしょうか。

木村　霊的世界の真実を学んでいる立場から考えますと、今の科学は物質のみの探究に留まっているところが、1つの限界をつくっていると思います。その壁を一段超えた霊的視点から、生命とは何かについて探究していく道を拓きたいですね。物質的なアプローチで分析するだけでは、やはり解明し切れないものがあると思います。

霊界を科学する視点に立てば、まだまだ無限の大海原が開けています。大川総裁の宇宙人リーディング・シリーズに出てくる宇宙の航行原理には、この世とあの世の次元を行き来している話が出てきますが、霊界世界の解明は、生命の探究と宇宙の探究の両方につながる領域になると思います。

近藤　人間はもちろん、生物は皆、肉体に宿る霊体のほうが本質であって、この世とあの世を転生輪廻している存在であるというのが真理です。

しかし、科学においては唯物論が主流ですし、医学も物質的に肉体ばかりを研究し、霊的側面はまったく無視して、肉体との関連性が何も考慮されない現状があります。パソコンにたとえれば、ソフトを見ずにハードしか見てない感じです。

やはり、科学の次のイノベーションは、霊界や魂の世界に踏み込んでいくなかに起きてくるでしょうね。

梶　今の科学は、エネルギーにしても航行原理にしても、地球を足場にした考え方にとらわれている気がします。自然エネルギーにしても、狭い土地に風車《ふうしゃ》を建てたり、太陽電池パネルを敷き詰めることを考えがちです。

地球を出て、例えば、月に太陽電池パネルを敷いてみたらどうかという発想もあります。清水建設が発表している構想でルナ・リングといいますが、月に太陽電池パネルを一周巻けば、地球に必要な電力をすべてカバーできるそうです。発電した電気はマイクロ波で地球に落として、電力に変換するわけです。

近藤　宇宙科学の発展は、未知なる星の探究はもちろんですが、宇宙で起きている現象を、いかに人類のために利用するかという視点も大事ですね。

木村　発想力が要りますね。大川総裁の著書『ロケット博士・糸川英夫の独創的「未来科学発想法」』のあとがきに、**「面白いことを考えよ」「何でもありの時代の到来だ」**と書かれているので、理系にとっては非常に追い風です。

近藤　その本のまえがきには、**「理科系には昔から変人が多いが、『変人』が『常識人』**

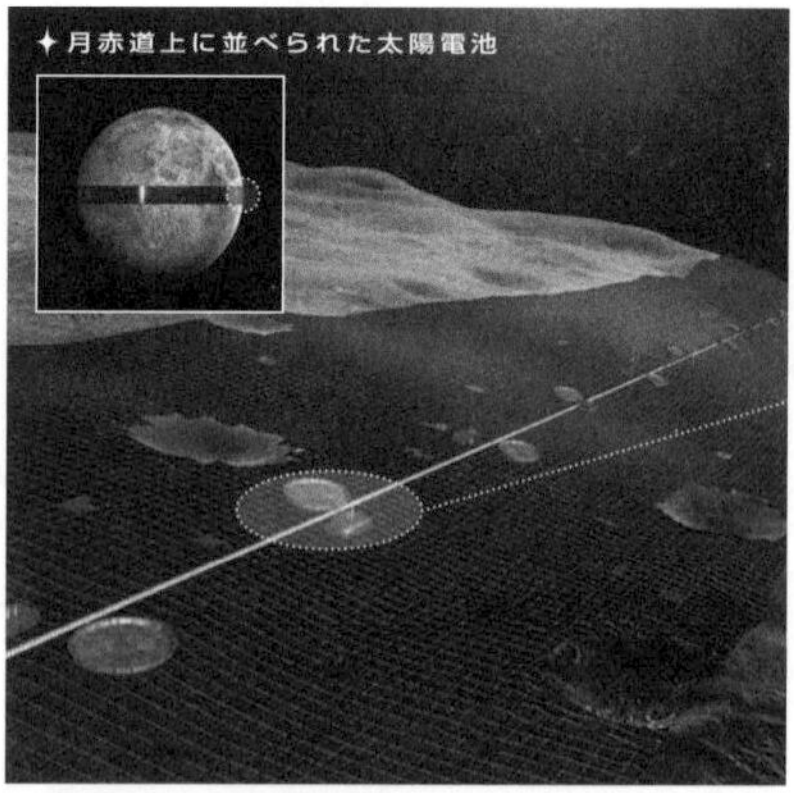

ルナ・リング　清水建設HPより

の群れをつくろうとするから、世の中おかしくなる。プラグマティックな調整は文系にまかせて、理系・超変人は、生きていけることを最低条件にして、逆転につぐ逆転の発想をし続けることだ」と書かれていますが、「超変人」というレッテルを貼っていただけるとなぜか勇気が出ますし（笑）、面白いものが生まれてくる感じがしますね。

実際、霊言はアイデアの宝庫です。何十冊もの普通の理系の本を読んで、やっと1つあるかないかというレベルの論点が、霊言には満載です。

木村　私も、自分が昆虫の研究をしていながら、将来の食糧危機を乗り越えるための昆虫食という発想はあまりなかったです。御法話や霊言を通して明かされる天上界のアイデアは、いずれ地上で実現されていくものだと考えると、未来像、進むべき方向性を示されているということなので、本当にありがたいことだと思います。

梶　大川総裁は、2050年の未来産業を透視リーディングされて、具体的なエネルギー構想についても明かされましたが、その一部を専門家に見せると非常に感心していました。

近藤　霊言には、その分野の専門家であっても、なかなか思いつかない発想が出てきていますね。

通常、研究というものは、ある程度の予測は立てるものの、その先に何が起こるか分からない、手探り状態で進めている面は否めません。

ところが、未来リーディングや霊言によって、未来社会の様子が明確に分かれば、各分野の将来性や、発展の道筋が見えます。この先見性、先行性は大きな支えになります。その方向性から読み取れるものは、極めて大きいと思います。

さらに、驚くべきは、古代のアトランティス文明（注5）には、現代でも開発されていない様々な技術が存在していたことです。ピラミッドパワーや植物の発芽エネルギーを抽出する方法など、現代文明にも復活できるといいなと思っています。

木村　これらは、過去に実際にあった技術ですからね。

近藤　実績のある技術です。

梶　夢や希望をいただいています。

近藤　人類の未来を幸福にする様々な技術や発明は、まだまだたくさん、生み出されていきます。幸福の科学大学の未来産業学部に期待していただければと思いますね。

（注1）銀色光線：幸福の科学教学では、霊天上界には、仏から7色の光が分け与えられているとされている。その7色の光のうち、銀色の光線は科学の光線であり、文明の近代化の光線でもある（『太陽の法』等参照）。

（注2）工学とバイオ系統の融合：生物を工学的見地から研究し、応用する技術。例えば、遺伝子組み換え・細胞融合などの技術を利用して品種改良を行い、医薬品・食糧などの生産や環境の浄化などに応用する技術なども含む。

（注3）レイノルズ数：流体力学において、粘性を持つ流体のふるまいを特徴づける値。

（注4）ベルヌーイの法則：定常で粘性を無視できる流れのなかでの圧力、流速（運動エネルギー）、位置エネルギーの間の関係を表す定理。

（注5）アトランティス文明：現在の大西洋のなかほど、バミューダ海域を中心としたアトランティス大陸の文明。今から約1万年前まで存在した。ピラミッドパワーを使った飛行船の技術、潜水艦の技術が開発され、科学文明が築かれていた（『太陽の法』参照）。

第3章

天才待望論

1　天才の発想力とは何か

天才の条件

未来産業を創っていくためには、天才の登場が望まれる。

天才とは、どのような存在をいうのだろうか。大川総裁は、『もし湯川秀樹博士が幸福の科学大学「未来産業学部長」だったら何と答えるか』で、次のように述べている。

天上界にある世界のもの、あるいは、未来に開示される予定のものを垣間見てくることのできる人が出てきます。それを「天才」と呼んでいるのではないかと思うのです。

「一生懸命に汗を流し、昼も夜も寝ても覚めても考え続けている」という努力をしているなかで、その天才のために、天上界で、白板に書かれた数式をチラッと見せてくれたり、未来を見せてくれたりする瞬間があるのではないでしょうか。

そのあたりを見失わないことが大事でしょう。

『もし湯川秀樹博士が幸福の科学大学「未来産業学部長」だったら何と答えるか』

１２７〜１２８ページ

おそらく、アルキメデスが金の純度の測定法を発見し、「ユーリカ！（分かった！）」と叫んだり、ニュートンがリンゴが木から落ちるのを見て万有引力を発見したりした時などは、彼らが、〝天上界にあるものを見た瞬間〟だったのだろう。

天才とは、単に物事を人より上手にやってみせる人、あるいは速くやってみせる人のことを言うのではなく、「天啓」がひらめく人のことをいうのである。

インドの天才数学者ラマヌジャン

１人の例を挙げる。

１９１８年２月頃、ある男が療養所に入っており、見舞いに来た知人は次のようなことを言った。

「乗ってきたタクシーのナンバーは１７２９だった。さして特徴のない、つまらない数字だったよ」

これを聞いた男は、すぐさま次のように言った。

『もし湯川秀樹博士が幸福の科学大学「未来産業学部長」だったら何と答えるか』

「そんなことはありません。とても興味深い数字です。それは2通りの2つの立方数の和で表せる最小の数です」

即座に答えた男の名はシュリニヴァーサ・ラマヌジャン（Srinivasa A. Ramanujan 1887-1920）、インドの天才的数学者で、見舞いに来た知人は、ラマヌジャンを見出したイギリスの数学者ハーディである。このエピソードは２０１４年８月31日付の朝日新聞でも取り上げられていたので、知っている人も多いかもしれない。

１７２９を２つの立方数の和で表すと、

$$1729=1^3+12^3 = 9^3+10^3$$

で、確かに2通りあり、これが最小らしい。

ラマヌジャンは、なぜ、こんな複雑な計算を即答ができたのか。それは、彼が恒等式（常に成り立つ式）をいくつも発見していたからである。

１７２９が最小の数と断言した、その元となる恒等式は、

$$(x^2 + 9xy - y^2)^3 + (12x^2 - 4xy + 2y^2)^3 = (9x^2 - 7xy - y^2)^3 + (10x^2 + 2y^2)^3$$

という式で $x=1, y=0$ なら $1^3 + 12^3 = 9^3 + 10^3 = 1729$ となり、ここから即答したものと思われる（$x=1, y=1$ でも同様の結果になる）。暇な人は式を展開してみるといい。私は手計算を早々にギブアップし、インターネット上にあった数式処理サービスで確認した。

ちなみに、次の同じような恒等式もラマヌジャンは発見している。

$$(6x^2-4xy+4y^2)^3 + (3y^2+5xy-5x^2)^3 = (6y^2-4xy+4x^2)^3 + (3x^2+5xy-5y^2)^3$$

もし、$x=1, y=0$ とすると、$91 = 6^3 + (-5)^3 = 4^3 + 3^3$ となり、これが負の数まで含

めた整数を3乗した数の和の最小（絶対値が最小）である。この他にも4乗の恒等式もいくつか見出しているそうだ。

ラマヌジャンは、インドの田舎にいながらほとんど独学で数学を習得し、3254個の公式をノートに書いた。英ケンブリッジの一流の数学者も、見たこともない数式に驚いたらしい。なぜなら、彼は現代数学では常識である「証明」をしなかったそうである。多くの公式の証明は、後代の人によってなされ、すべてが証明し終わったのは、彼の没後80年近い1997年だったらしい（藤原，2000，184ページ）。

彼は下のような、円周率πを表した式も発見している。コンピューターでπを計算する時に効率がいい式

ラマヌジャンの発見した式

$$x=\frac{1}{2\sqrt{2}\sum_{n=0}^{\infty}\frac{(4n)!(1103+26390n)}{4^{(4n)}(n!)^{4}99^{(4n+2)}}}$$

だそうで、小数点以下1千万桁以上の算出にも使われたらしい。（Σは総和、∞は無限大、！は階乗を示す）

この式を見ただけでも、いったいどこからこのような数式が出たのかと、数学の専門家でも驚いたそうである。「頭がよい」を超え、畏怖さえ感じる天才性である。

これらの摩訶不思議な式を編み出したラマヌジャンに質問すると、「全てはナマギーリ（ナーマギリ）女神のおかげ」と答えた。インド人である彼は、ヒンズーの神様を深く信仰しており、寝ている間にナマギーリ女神が教えてくれるのだという。この女神はヒンズー教の中心神の一人ヴィシュヌ神の化身で半人半ライオンのナラシムハ神の配偶神だそうだ。

彼は南インドの田舎に生まれた。地元の占星術師は、「この子は名声高い学者になる」と占ったという。

10歳の時に、家に下宿していた大学生に数学を教わったところ、あっという間に理解し、大学から本を借りて三角法や微積分をマスターした。12歳になると、その大学生に教えるまでになった。

しかし、ケンブリッジ大に受験するための手引書である『純粋数学要覧』を手にしたことで人生が変わる。『純粋数学要覧』は、6000余りの公式や定理がただ並べられているだけの本で解説がほとんどなかった。そこで、ラマヌジャンは独自の方法で定理を証明することに熱中することになった。ところが、数学以外の関心を失ってしまい、優秀な成績で奨学金つきで州立大学に入学したにもかかわらず、他の科目を片っ端から落第して、1年で退学することになる。

その後、大学に再入学するチャンスを探すが叶わず、港湾局の経理部員として仕事をしながら、独学で数学の研究に励むことになる。ラマヌジャンの発見した夥《おびただ》しい公式や定理はノートに書き留められていったが、周囲の勧めで研究成果を手紙にして一流の数学者に送ったところ、その1つが、先述したケンブリッジ大学のハーディ教授の目に止まった。ハーディ教授は、ラマヌジャンの研究分野の世界最高の権威である。

ラマヌジャンは、翌年、ケンブリッジ大学に招聘《しょうへい》され、ハーディ教授との共同研究をすることになる。ラマヌジャンは、夢のなかでナマギーリ女神が現れて、新定理を告げられたという。毎朝、半ダースほどの新定理をもってハーディ教授の研究室を訪れたといわれる。

天才とは、このように、天啓、インスピレーションを受けて、異次元発想をする人間を指すと考える。余人がいかに努力しても届きそうもないようなことを発想し、実現していく人間を天才という。

天才が〝異常〟に見える理由

もっとも、天才といわれる人は、常識からかけ離れることがあるため、まわりから時には奇人変人とみなされることもある。

『「未来産業学」とは何か』には、ジョン・ナッシュ（John Forbes Nash, Jr 1928-)

という天才数学者の例が出ている。弱冠21歳でゲーム理論における「ナッシュ均衡」という解を発見したことで知られ、１９９４年にはノーベル経済学賞も受賞している。しかし、30代で統合失調症を発症し、妄想に取り憑かれて、異常な言動を繰り返したといわれる。

しかし、大川総裁は、こう解釈する。

以前、「ビューティフル・マインド」という、天才数学者（ジョン・ナッシュ）を題材にした物語が映画化され、作品はアカデミー賞も受賞しました。この人は、「数学的には天才だが、異常の世界に入り込んでいる」ということでしたが、要するに〝見える〟わけです。本当は、霊界のいろいろなものが見えて、そうした人たちが話しかけているのですが、それについての知識を持っていないために、分からないのです。

もし、私のような霊能力を持っている宗教家が知っていれば、彼が狂っていないことぐらいは、すぐに分かったのですが、おそらく、そういう相談相手がいなかったのでしょう。

このように、天才のなかには狂気のようなものがあって、目に見えない存在と話したりすることがあるのです。

その人は、一般的には「精神科行き」と考えられるような状態が長かったため、認められてノーベル経済学賞等をもらうまでに、ずいぶん時間がかかったという話ではありました。

「病気にかかっていた」ということになってはいるのですが、おそらく、実際には、そういうものを突き詰めていく、数学の天才というレベルまで行くと、精神を集中して座禅などに取り組むのと同じ効果があり、あまりにも純粋で透明になって真理に向かっていくと、その世界に通じていくのではないかと思うのです。

そして、そういうことを知らないがために、「鬱《うつ》症状」だとか、「精神に異常を来した」だとか、余計なことを言われて、それをそのまま信じてしまい、悩んだりするようなこともあるわけです。

『「未来産業学」とは何か』115～117ページ

ジョン・ナッシュだけでなく、天才と呼ばれるタイプには、やや異常性のある奇人変人タイプが少なくない。ギリシャの哲学者ソクラテス（Socrates BC469-BC399）は、若いころ兵士として従軍した際、戦場で一昼夜、立ち尽くしていた。経済学の祖であるアダム・スミス（Adam Smith 1723-1790）も、人前で放心し、独り言を言ったり微笑んだりするなどの奇行で知られた（バカン，2009，69ページ）。いずれも、霊的交流を実体験していたと考えれば、特に不思議な行動ではなく、また、その天才性を示すエピソードとも見なせる。

天才の発想の源

「天啓」とは、天の導きのことであり、宗教的にいえば、霊的世界からの啓示である。モーセやムハンマドなど多くの預言者・宗教家は、霊的世界からの啓示を受けており、宗教では常識である。

しかし、ここで大川総裁が指摘しているのは、宗教家だけでなく、天才と呼ばれる数学者や科学者も、あたかも宗教家が天から啓示を受けるように、さまざまな着想を天から得ているということである。

このように、天才の発想の源には霊的世界との交流があると考えれば、興味深い〝もし〟があり得ることになる。

霊的世界を想定するということは、当然ながら、死後の生が存在することが前提となる。死後の生があるということは、過去の偉大な科学者たちは、今も、霊天上界において存在しているということである。ということは、何かの仕事をしているかもしれない。おそらく、生前に進めていた研究を、さらに深めて、理論化したり思考実験を行なったりしているに違いない。

もし、ニュートンが万有引力や光学の研究を続けていたら……。

もし、アインシュタインが引き続き、時空間について考え、自然界にある力を統合する数式について考えていたら……。

もし、エジソンが発明のアイデアを霊界で蓄積し続けていたら……。

もし、湯川秀樹博士が素粒子論の先にあるものを考えていたら……。

霊界で科学を研究している霊人は、地上で生きてきた時間以上の時間を費やし、さらに素晴らしい発見を成し遂げている可能性は高い。そう考えたら、ワクワクしてこないだろうか。

霊界で「学会」があるかどうかは分からないが、研究寿命がたかだか数十年の地上生命に比べると、霊界にある科学的思考は、質と量ともに地上の科学者・研究者を凌駕することは間違いない。

そのアイデアの一端を、天啓という形で、地上にいながら受け取ることができれば、それは天才と称されるような偉大な業績につなげていけることになる。

本章でいう「天才待望論」とは、そのような天啓を受け取る人を増やしていきたいということである。

今後の新しい研究のあり方

もちろん、ニュートンやエジソンのような天才が、そう頻繁に登場することは考えにくい。根源的な思想や理論を天啓で閃《ひらめ》く天才になるのは容易ではなくとも、「小さな天才」にはなれるのではないだろうか。

なぜなら、幸福の科学教学によると、守護霊は1人1人に指導を与えており、使命がある者には指導霊がつくという仕組みがあるからだ。

『太陽の法』には、次のような記述がある。

まず、守護霊についてですが、各人には守護霊がついているとか、守護霊に力があれば人生が好転するが、守護霊に力がないと不運になるとかよくいいます。結論からさきにいいますと、守護霊はやはり存在するものであり、しかも、各人に一名割りあてられているのです。そして、守護霊の力によってその人生が左右されるというのは、ある程度真実です。（中略）

原則として、守護霊は、霊界での分光の時に分かれた魂のグループか、本体、分身方式でつくられた六人のグループのうちの一人がなっているのですが、地上に出る者の使命が大きく、どうしてもその実現が期待される場合には、その人の人生の最大関心事を専門とする指導霊をつけることとしました。

『太陽の法』90〜94ページ

ここでいう「指導霊」とは、「七次元菩薩以上の高級霊たち」（『太陽の法』

202ページ）のことであり、「七次元菩薩界」とは、幸福の科学教学では、愛と奉仕に生きる天使たちの世界のことをいい、人々の尊敬を集める歴史上の偉人の多くは、この7次元菩薩界以上の住人である。

ジョン・ナッシュも、私心なく真剣に研究に取り組んでいたであろうから、何らかの霊的な指導はあったはずだ。科学の世界も、宗教の世界と似た原理が働くことが考えられる。霊界からの天啓として、何らかのインスピレーションを得て、発明・発見を成していくような、宗教と科学の融合した新しい研究スタイルが、今後はあり得るだろう。

つまり、この世において研究を進めていくなかで、天啓が閃く方法として、宗教的コンタクトの作法や儀式を組み入れていくのである。

天啓を得るための「啐啄同時」の教え

この場合、誤解を招かないために付言しておきたいのは、禅でいう「啐啄同時《そったくどうじ》」が大切であるということだ。卵のなかの雛が孵化《ふか》する時、殻を内側から雛がコツコツとつつくことを「啐」といい、親鳥が外から殻をコツコツとつつくのを「啄」という。「啐啄同時」とは、内側と外側、「啐」と「啄」とによって殻が破れてなかから雛鳥が出てくる様を表し、禅修行において師弟の働きの一致の大切さを説いたものである（入矢他，1992，220ページ）。

幸福の科学教学では、「自力」と「他力」の文脈で紹介されている。『奇跡の法』には、「**人間が自助努力をしているとき、同時に、それを超えた大いなる他力もまた救いの手を差し伸べている**」（『奇跡の法』215ページ）として、次のように説かれている。

「自分を助けようとする力が働いているから、何も努力しなくてよいのだ」という甘え心では、高級霊の波動も近寄ってこなくなります。「天はみずから

助くる者を助く」という言葉のとおりなのです。
天は、自助努力の精神、セルフ・ヘルプの精神を持っている人をこそ、手助けしたいのです。そのような人は、指導者になるべき人であり、多くの人々に幸福を分配し、多くの人々に成功を与えていける人なのです。だからこそ、天はそのような人に手を差し伸べるのだということを忘れないでいただきたいと思います。（中略）
たとえば、高等数学を専門とする指導霊から霊示が下りても、地上の人が高等数学を勉強していなければ、そのインスピレーションを受け取ることは不可能です。しかし、「数学者になりたい」と思って勉強している人が、考えに考えを重ねていると、あるとき、そのような高級霊からインスピレーションが臨んでくることはありえます。

『奇跡の法』２１５〜２１７ページ

『聖書』にも同様の言葉がある。

求めよ、さらば与えられん。尋ねよ、さらば見出さん。門を叩け、さらば開かれん。

『マタイによる福音書』7：7

有名な「山上の垂訓」のなかの言葉である。

この場合、研究者であれば、「真理を求める」、「解決を求める」という努力のなかに、天啓として答えが得られることを意味するだろう。

この世の器づくりが必要

天啓を得るための自助努力の大切さについて、もう少し詳しく考えてみたい。

以下は、トーマス・エジソンの霊言を収録した時に、私が質問者として、「研究の姿勢や心構え」について直接聞いた時の答えである。

「研究に休みがあってはならぬ」というのは基本だな。それが研究の本質だ。天上界に還れば、基本的に、そういうことになるけどな。休みはないよ。俺には、いまだにベッドがないんだよ。もらってないんだ。昼寝ができる程度のソファーはあるんだけど、俺の研究室にはベッドがまだ入っていないんだな。

『トーマス・エジソンの未来科学リーディング』26ページ

要するに、寝ても覚めても、休みもとらず、研究に没頭せよと言われた。その時は、そう言われればそうだ、ぐらいにしか受け止められなかった。

しかし、アメリカのニュージャージーにあるトーマス・エジソン国立歴史公園

(Thomas Edison National Historical Park) を訪れたU氏によると、そこにはエジソンが発明に没頭した実験室があり、本に囲まれたエジソンの机のすぐ脇にベッドが置いてあったそうだ。家は近くにあるのだが、あまり帰らずにそのベッドで寝て、研究に集中していたらしい。

生前、そうした努力に励んだエジソンだが、霊界に戻ってからのエジソンは、そのベッドすら置かず、不休で研究している様子が伺える。研究への厳しさをあらためて感じた。

エジソンといえば、「天才とは1パーセントの閃きと99パーセントの汗である」(Genius is one per cent inspiration and ninety-nine per cent perspiration.) という有名な言葉がある。汗とは努力のことである。努力をしていなければ、閃きはないということだ。

地上の器がなければ、インスピレーションを具体化できない

また、「インスピレーションは受け取る人の器と連動する」（『創造の法』１５０ページ）という点も重要である。つまり、「個人として、人間として、やるべきことを積み重ねているか」、「自分の器が、どこまでできているか」が、インスピレーションの内容、あるいは、その内容の展開されるあり方に、大きく影響するということである。

例えば、携帯電話がない時代に、そのインスピレーションを得たとしても、それを実現するための技術（音声の電気信号へのデジタル変換、マイクロ波の発信と受信の回路、デジタル信号の変調法、リチウム・イオン電池などの小型電池の仕組み等々）を知らないと、アイデアレベルやフィクションに終わってしまう。

また、ボタンを押すと食物が数十秒で温まる箱のイメージをインスピレーションで得たとしても、電子レンジの仕組み（食物に含まれる水分子がマイクロ波によっ

て共振する原理、そのマイクロ波を発生させるために、熱電子を磁界と高電圧で高速回転させて発振させるマグネトロンの原理、マイクロ波が外に漏れないシールドの原理、等々）を理解していないと、実現は難しい。

太陽のエネルギーを電気に変える装置のイメージをインスピレーションで得たとしても、それを実現する半導体技術（透明電極、ｐｎ接合を有する半導体の製造方法と動作する仕組み、等々）を知らないと、太陽電池も実現できない。

タイプライターのようなキーで文字を入力することで、世界中の人と即座にメールが交換できるというインスピレーションを得ても、コンピュータ技術と、ネットワークのハードと情報処理の技術が分からなければ、インターネットを構築できない。

このように、未知なるものについてのインスピレーションを得たとしても、それを実現化するには、多くの専門知識を学んでおく必要があるし、想像を絶するほど多数の技術的障壁を克服していく必要がある。

幸福の科学では、エジソンやH・G・ウェルズなどの霊言や、未来を見通す「未来透視リーディング」などが行なわれており、そのなかには、新しい産業技術に関する興味深いアイデアが豊富に紹介されている。

しかし、面白い着想であっても、残念ながら現在の技術では太刀打ちできないものも多い。数年、数十年、あるいは数百年の科学の進歩を待たなければ実現できないようなものが含まれている。逆にいえば、今の科学は遅れているともいえる。

科学における「インスピレーションの功徳」は計り知れないと思われるが、それを生かせるだけの器づくりが、成否を決める。ゆえに、不休の努力が必要となるのだ。

エジソンは白熱電球の発明で知られるが、最初に作った電球は8分で切れたそうだ。

残る課題は、なかに入れるフィラメントの寿命を延ばすことだった。エジソンとその仲間は、炭素、白金、イリジウム、ホウ素、クロム、モリブデン、オスミウム、ニッケルなど、ありとあらゆる材料を試し、最後に京都八幡の竹の繊維に行きついたという話は日本では有名である。最後に1200時間灯ったというが、そこに至るまで、1万通りの方法を試したといわれる。

また、アルカリ電池を発明するために、10年間に5万回の実験を繰り返したらしい。アイデアを実現化するには、やはり、簡単に諦めないことがポイントなのだ（湯川，1982，745ページ）。

特に、過去にないものを創造していくためには、必ずしも自分が勉強してきた分野、あるいは、研究してきた分野の延長線上に新しい発見があるとは限らない。関連分野とは全く違う領域も巻き込んで勉強・研究しなければ前進できないわけだ。

湯川秀樹も、「程度の差はあっても、多少みんな独学的な傾向というものが天才にはあります」と述べている（湯川，1982，773ページ）。

そういう意味で、自分の専門の枠を超えて、別の領域にチャレンジすることが、「天才」に少しでも近づくためには必要かもしれない。

反省・瞑想・祈りのプロセスを科学研究に組み入れる

なお、幸福の科学では、「祈れば願いが叶う」という単純なプロセスではなく、「反省・瞑想・祈り」というプロセスをたどって宗教修行をすることになっている。まず、反省をして心の曇りを取り、心を平静な状態にしないと、瞑想や祈りをしても、適切なインスピレーションを得ることはできない。邪念を持ったまま祈ると、悪霊や低級霊の〝そそのかし〟に耳を傾けてしまうことにもなりかねない。『信仰を深めるために』でも、次のような注意を呼びかけている。

反省をし、瞑想ができたあとの状態で祈りをした場合には、その祈りは非常によく届きます。天上界の遠い所まで、祈りが届いていくのです。どうか、そういう状態で、祈りをしていただきたいと思います。

祈りの前に充分な反省や瞑想ができていないと、その祈りは、非常に自己中心的な、エゴイスティックなものになることがあります。そのため、その前に反省や瞑想をしておくことが大事です。この世的な垢を落として、純粋な気持ちで祈りをすることが大事なのです。

『信仰を深めるために』52〜53ページ

天啓を得るためには、適切な手順を経る必要があるわけだが、この流れを科学研究の1プロセスとして組み入れることによって、天啓による「量子的飛躍」が可能になるかもしれない。

量子的飛躍（量子跳躍。Quantum leap あるいは Quantum jump）とは、物理学（量子力学）の用語である。電子などの粒子のエネルギーが連続値で変化するのではなく、不連続に飛び飛びの値をとって変化していくことをいう。

科学の世界でいえば、ニュートンが万有引力を発見した時やアインシュタインが相対性理論を発見した時などが大きな量子的飛躍といえよう。その発見によって、それまでの科学の常識が変わり、科学が不連続に飛躍して発展する。科学史には、時としてこういうことが起こる。

幸福の科学の歴史で言えば、1981年に大川総裁が天上界からの通信を得て悟りを開いた「大悟」が大きな飛躍である。大川総裁が大悟していなければ、幸福の科学は設立されず、その後の歴史はなかったからだ。また、1986年の教団としての幸福の科学の創立、1996年の本格的な宗教修行を行なうための独自施設である総本山・正心館の建立、2009年の幸福実現党の立党なども飛躍であった。教団運営の方針変更を含めた小さな飛躍も数えれば、さらに多くのイノベーションがあり、多くは大川総裁の着想に負っている。

宗教と科学は、対立するものとして論じられることが多いが、宗教と科学が「異種結合」することで、予想もしなかった飛躍や革新などの面白いことが起こるかもしれない。

後述するが、科学の世界にも分からないことや未知のことがたくさんある。それらの謎を解明するために、「霊天上界の白板」に書かれた数式を垣間見る「天才」の活躍に期待したい。

2　神の世界を探究する

天才の多くは「神の世界」を探究した

宗教と科学の異種結合を図るためには、第1章でも触れたように、そもそも一流の科学者たちが信仰を持っており、「神の世界の探究」を目的として研究に励んでいたことを知るべきだろう。

心理学者の河合隼雄氏も、コペルニクスやガリレオ、ニュートンらについて、「彼らの科学体系を築き上げていく熱意は、唯一の神の意志を知ろうとする強い欲求に支えられていた」と言っている（河合，1986，7〜8ページ）。

大川総裁は、『「未来産業学」とは何か』で次のように指摘している。


一流の科学者は、「神がつくられた世界であるならば、もっと完全な答えがあるはずだ」「必ず、もっと美しい数式が出てくるはずだ」というように考えます。この世界が「神がつくられた世界」であるとしたら、「こういうふうになっていなければいけないのではないか」と考えていって、発明・発見したことが数多くあるわけです。

欧米でも一流の学者たちには、そうした神の存在を前提にした上で、「神が宇宙をつくられたとすれば、こうでなければいけないのではないか」というと

ころがあるのです。（中略）

物理学等について考える人のなかにも、やはり、「神のつくられた世界の完全性や美しさを、数式その他の理論で説明したい」と考えておられる方は多いように思うのです。

『「未来産業学」とは何か』15〜17ページ

言い方を換えれば、多くの天才たちは、神に関する強い関心、つまり信仰心があったからこそ、常人を超えた熱意によって、偉大な業績を生み出すことができたともいえる。

数式における美について

この世界が「神の世界」であるならば、それは必ず美しいものに違いないという考え方は古くからある。

私は理学部系の出身ではないので、数学や物理の理解は深くはない。それでも、狭く浅い知識のなかからでも、美を感じる数式がある。

例えば、「オイラーの等式」というものがある。数学における最も美しい定理といわれる。

多くの著名な数学者もこの数式の深遠さを評価している。eやπという基本的な定数が、こんな簡単な式で組み合わさることに、美を感じるのだ。

オイラーの等式

$$e^{i\pi}=-1$$

eは自然対数の底で2.7182818284…。iは虚数でi^2=-1で定義される。πは円周率で 3.141592…。


また、「マクスウェルの方程式」というものもある。

大学の物理学レベルなので、ここでは細かく説明はしないが、電気と磁石の世界を扱う電磁気学の基本方程式である。簡単にいえば、「電磁石に電気を流すと磁石になる」とか、「発電機を回して電気を起こす」などを示していると思っていただきたい。これらの式を変形していくと、「電波が光速で進む」ということも導き出される。

マクスウェル（J. C. Maxwell 1831-1879）は、イギリスの理論物理学者で、この方程式の基になるものを導き、後世の人がこのような形にまとめたらしい。自然界に存在する、目に見えない電気、磁気というものの性質を忠実に、かつ、シンプルに表しているところに対して美を感じる。

アインシュタインの「場の方程式」も紹介しておこう。

私はこの数式を深く理解はできていないし、個々の方程式への展開もできないが、要するに、

マクスウェルの方程式

$$\nabla \cdot \boldsymbol{B} = 0 \qquad \nabla \cdot \boldsymbol{D} = \rho$$

$$\nabla \times \boldsymbol{E} = -\frac{\partial \boldsymbol{B}}{\partial t} \qquad \nabla \times \boldsymbol{H} = \frac{\partial \boldsymbol{D}}{\partial t} + \boldsymbol{j}$$

∇はベクトル解析における偏微分作用素を項とする演算子ナブラ、・は内積、×は外積、Bは磁束密度、Dは電束密度、Eは電界強度、Hは磁界強度、ρは電荷密度、jは電流密度、$\frac{\partial}{\partial t}$は時間の偏微分。

「星のように重い物体があると、空間が歪《ゆが》む」などの現象を表している。ブラックホールなどがあると、光が吸い込まれたり、曲がってしまう様子が、この式から導きだされる。式中の宇宙定数は未知数でダークエネルギーに関係する。これを入れるかどうかで、宇宙が膨張するか縮んでしまうかを分けてしまうため、アインシュタインは迷ったらしい。いずれにせよ、壮大な宇宙の時空を、1つの式で表してしまっているところにアインシュタインの天才性を感じる（正直にいえば、天才性が推測される）。

ついでに、ハートマークのグラフを描くための方程式も、数式ばかりで嫌悪されないために、おまけで入れておく。

美を感じるものは何かと考えると、物理や

アインシュタインの場の方程式

$$G_{\mu\nu}+\Lambda g_{\mu\nu}=\frac{8\pi G}{c^4}T_{\mu\nu}$$

左辺のGは時空の歪、Λgは宇宙斥力、Tは物質のエネルギーと運動量で、いずれもテンソル。μとνはテンソルの添字で、時空に展開される。Λは宇宙定数、右辺のGは万有引力定数、cは光速度。

数学の世界の本質をシンプルな形で表現しているところが共通点としてあるように思える。世界は無秩序な寄せ集めではなく、何らかの秩序や法則を持って創られているということを見抜き、それを表現した点に美しさが輝いているように感じる。

$$x^2+\left(y-\sqrt[3]{x^2}\right)^2=1$$

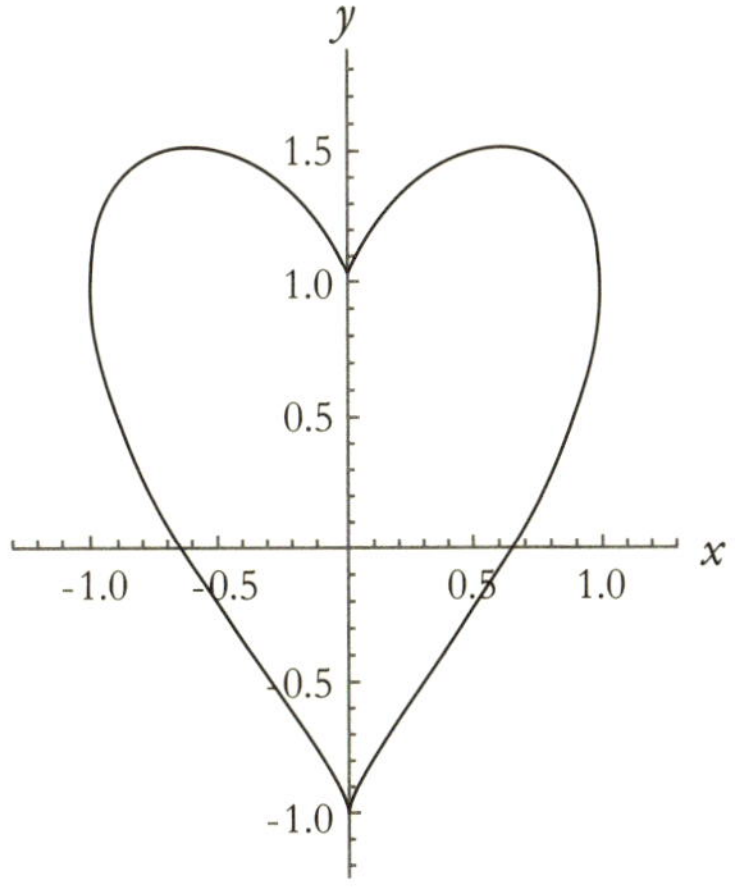

また、マクスウェルの方程式で表現されるように、自然界にある電界や磁界などの現象も、無秩序に存在するのでなく、相互に関連し合う「調和」を保っているようにも感じる。こうした物理量だけでなく、地球の全生命も、いろいろと時間的に数や場所を変えながら、地球レベルでは調和を保っている。

このような点に「美」を感じるのは、うがった見方をすれば、そこに「神の世界」を垣間見る感じがするからかもしれない。

理系の学問を通して美を探究することは、神の世界の探究にほかならないのではないだろうか。

見えない世界を明確にする

科学の使命の1つに、見えない世界を明確にすることがある。身近な技術を見ても、「見えないのにあるもの」がたくさんある。

例えば、携帯電話を使うが、携帯電話の電波を見たことのある人はいるだろうか？　テレビやラジオの電波も同様だ。磁力や重力もあることは分かるが、空間に見えない力が働いて、引き合ったり、反発したりしている。

目に見えないからといって、そこに何もないわけではなく、電波（電磁波）、磁力や万有引力、放射線などを人類は「発見」し、活用してきた。

その他の例として、電子などの微細な粒子は波のように振る舞うと考える「量子力学」があるが、この波を直接見た人はもちろんいない。

しかし、携帯電話やコンピューターなどの電子機器に使われる半導体素子は、この量子力学が根本原理になっている。微細な電子の波のような振る舞いを見ることはほとんどできないが、マクロのレベルで電気的特性として現れているので、人類はそれを活用している。

また、アインシュタインの相対性理論でいわれる、重力によって3次元の時空間が歪む様子を、直接、見た人はいない。しかし、カーナビやスマート・フォンに使われているGPSの仕組みのなかにも組み入れられているという。GPSの仕組みは、地球上を何個も飛んでいる複数のGPS衛星からの電波信号を受信し、信号に含まれる時間情報から自分の位置を計算するものだ。相対性理論によると、飛行高度が高いGPS衛星は、地上よりも受ける重力が弱いため、時間が早く進む。そのため、相対性理論を考慮した補正をしておかないと、位置情報に誤差が出てしまうらしい。

このように、現代科学の世界では、見えない世界を扱うことのほうが多くなっている。見えない世界を扱う物理でうまく説明がついているので、それが真実とされているのだ。

これまでもそうであったように、今後も、科学の発展は、見えない世界と、見える世界、すなわちこの世界との関わりを研究し、説明していく方向であろうと思われる。霊界を見えるものとする試みも科学が担っているのかもしれない。

「深い信仰心」と「よい科学者」は両立する

このような点を認識している科学者は、同じように目には見えない「神の存在」について、疑問をはさむことはほとんどない。

「神は存在するはずだ」と積極的に肯定しないまでも、「存在してもおかしくない」「何らかの崇高な存在を認めないと、説明できないことは多い」と考える人は多い。

ニュートンの「神の存在証明」に関する有名な逸話がある。

機械工に作らせた太陽系の模型を無神論者の友人に見せたところ、その見事さに感嘆し、「誰が作ったのか」と聞いた。ニュートンは「誰が作ったのでもない」と答えたが、友人は「誰かが作ったに違いないが、その人は天才だ」と言った。

するとニュートンは、「これは太陽系の単純な模型に過ぎないが、この単純な玩具が設計者や製作者なしに存在することを君に納得させることができない。それなのに、君は、この模型の原型である偉大な〃体系〃が設計者も製作者もなしに存在すると信じていると言う」と訴えた。それを聞いた友人は、神の存在を認めるようになったという話である。（この逸話は、実際は、ドイツの学者アタナシウス・キルヒャーの逸話ともされており、本当のところは不明だが、神の存在を上手に説明し得ている。）

ニュートンはその著『自然哲学の数学的諸原理』(『プリンキピア』)のなかで、次のようにも書いている(河辺編，1979，561ページ)。

太陽、惑星、彗星の壮麗きわまりない体系は、至知至能の存在の深慮と支配とによって生ぜられたのでなければほかにありえようがありません。またもし恒星が他の同様な体系の中心にあるとしたら、それらも同じ至知の意図のもとに形づくられ、すべて「唯一者」の支配に服するものでなければなりません。

ニュートン『自然哲学の数学的諸原理』

また、ニュートンは『光学』のなかで、原子がすり減ったり、壊されたりしないことを述べた時にも「最初の創造において、聡明な能動者の意図によって、さまざまに結合されたように思われる。」と説明している(島尾訳，1983，354ページ)。

なお、現代では、原子は陽子や中性子などで構成され、これらもさらに小さな素粒子で構成されていると解釈されており、さらに深い理解が必要となっている。

幸福の科学教学では、「信の世界」と「知の世界」について、次のように説明する。

分析的認識を超えた世界を広い意味で知ることが、実は信ずることなのです。信ずることを未開社会のものと考えるべきではありません。信ずるという行為は、人間の認識力において、知るという行為よりも大きな力を持っています。信ずることのできる世界のなかに、知ることのできる世界がある――そうした包含関係になっているのです。

「知る」ということは、地球の表面でいえば陸地のようなものです。陸地は、その上を歩いて実地に調べたり、木を植えたり、田畑として耕したりすることができます。「知る」という世界は、人間が簡単に調べることのできる部分なのです。

これに対して、「信ずる」という世界は、陸と海をふくむ地表全体に相当します。陸地だけでなく、偉大なる海、大洋をも包含するのが、「信ずる」という世界です。

すなわち、「信ずる」という世界がもともとすべてなのです。その「信ずる」という世界のなかに、「知る」という世界がつくられ、「知る」という世界がしだいに拡大してきている――それが現代の真実の姿です。

『伝道論』152〜153ページ

「信の世界」が「知の世界」を包含するということである。さらに、現代の科学は「知の世界」の一部であることからいえば、「信の世界」∪「知の世界」∪「科学の世界」と位置づけられるだろう（次頁図）。

この位置づけからすると、科学の発展とは、「信の世界」へ拡大していくことにほかならない。先行しているのは、信仰のほうであって、信仰の世界が科学の方向性を示していると考えるほうがよい(ただ、中世における宗教と科学の対立は、イエス・キリストの説いた信仰の世界ではなく、教会による神学と科学の対立であった)。

例えば、大川総裁の主著『太陽の法』には、宇宙の創造について、高次元から順に創造されたことが述べられており、いわゆるビッグバンのそれ以前の記述まである。しかし、科学の領域では「ビッグバン理論」は説かれているものの、「ビ

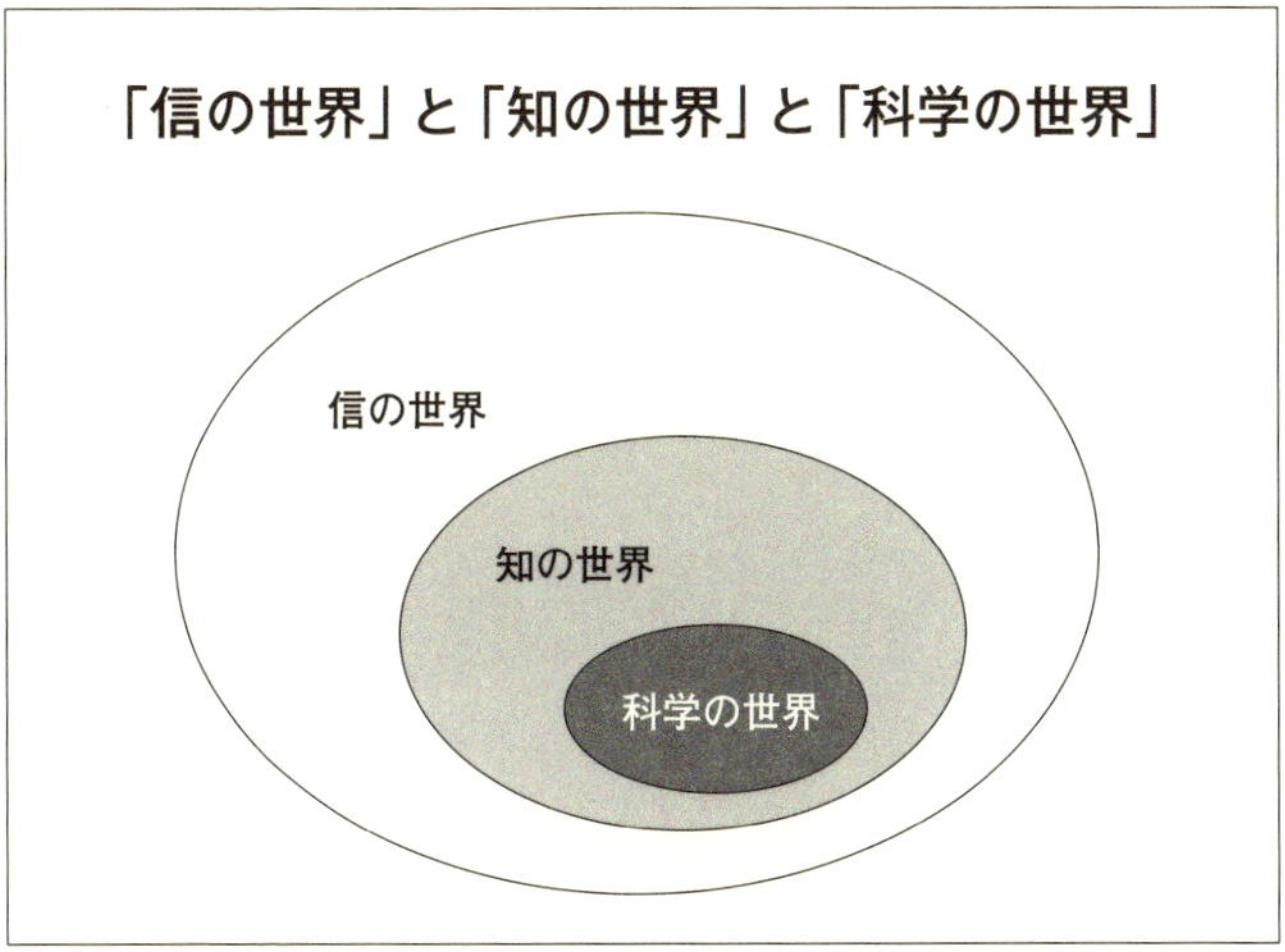

ッグバン」以前については全く考慮されておらず、仮説がわずかに出されている程度というのが現状だ。

医学についても同様である。幸福の科学が説く、人間は肉体に霊が宿っており、霊こそ人間の本質であるという説は、主要な宗教も不完全ながら説いている。しかし、現代医学は肉体面の解明に限定しているところがあり、一部を除いて霊に関しては科学のメスが十分に入っていない。

科学の世界が及ばない信の世界は、まだまだ広大であるのだ。

その意味で、今後の科学の在り方は、**「神のつくられた世界そのものを研究しようとするもの」**（『「未来産業学」とは何か』97ページ）であるべきだろう。

この点で、「深い信仰心」と「よい科学者」は両立し得るし、今後の科学の大きな発展やイノベーションは、宗教や信仰との関係性においてなされることが予測される。

3　新しい宇宙論への期待

新しい宇宙理論への期待①　高次元空間論

では、新しい科学は、どのようなものがあるだろうか。「信の世界」を説く幸福の科学の教えのなかから、科学の方向性を示すヒントとなるものを挙げてみる。

まずは、「高次元空間論」である。『太陽の法』には、次のような記述がある。

高次元宇宙とは、下次元宇宙をスッポリとおおうものなのです。といっても、下次元宇宙とまったく関係のないものではなくて、同じようでありながら、いっそう高度な目的をもった世界、それが高次元宇宙だといえます。

『太陽の法』33～34ページ

多次元宇宙の存在については科学で仮説は出されていても、証明されてはいない。現段階では「信の世界」の話である。

先端の物理学でも、分からないことが多い。

例えば、宇宙論では、宇宙の「始まり」を138億年前の「ビッグバン」としている。そして、ビッグバン直後、どのように宇宙が〝膨らんでいったか〟については「インフレーション・モデル」で説明している。

これによると、極初期の極小時間に（10^{-35}秒）、原子程度の大きさから、太陽・地球間の距離程度（10^{11} m）に宇宙が膨張したらしい（「Newton」第34巻第5号）。

しかし、この考えだと、膨張速度が光速度を何十桁も超えてしまう。この3次元宇宙では光速度は一定で、また、光速度を超えられないという、アインシュタインの「光速度不変の原理」に宇宙の膨張速度が縛られていないとは、一体、どういうことだろうか。もしかしたら、ビッグバンは１３８億年前より古く、現状の大きさになるまで、もっと時間がかかっているのかもしれない。

　幸福の科学では、３次元宇宙の創造は約４００億年前としているが（『太陽の法』47ページ）、方向性としては、こちらのほうが正しいのではないだろうか。

　また、物理学で知られている強い力、電磁気力、弱い力、重力の「４つの力」のうち、重力は他の力より35桁から40桁も微弱な力で

４つの力の比較

		電弱力		
力の種類	強い力	電磁気力	弱い力	重力
力の伝達粒子	グルーオン	光子	W,Zボゾン	重力子
力の大きさの目安	1	0.01	10^{-5}	10^{-40}

あるといわれている（図参照）。なぜ、それ程弱いのかを説明する理論として、この3次元世界を超える「余剰次元」に重力が〝漏れて、〝薄まって〟いるから、3次元世界で弱くなっているという説がある（「ブレーン〔膜〕宇宙論」）。その「余剰次元」を含む時空間とは何なのだろうか？　なぜ、重力だけ余剰次元に漏れるのだろうか？　幸福の科学では「裏宇宙」とか「反宇宙」という概念がすでに出されているが、これに相当するのだろうか？

また、天文学のトピックスで「ダークマター（暗黒物質）」が話題になっている。これは、銀河や星雲などの観測された渦巻きの運動は、

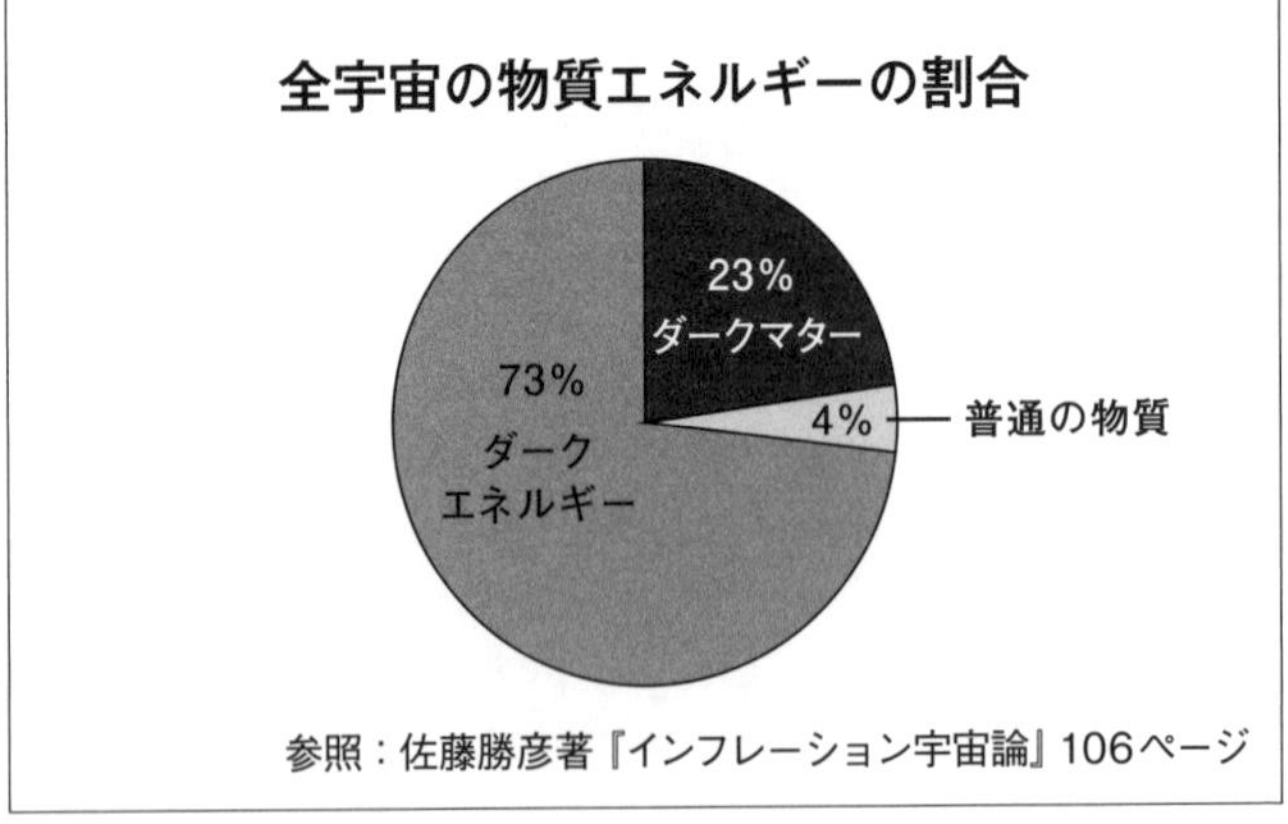

参照：佐藤勝彦著『インフレーション宇宙論』106ページ

その銀河や星雲のなかの星の重さを合計した以上の重さがないと不可能であるため、目に見えない「ダークマター」を仮定し、銀河や星雲のなかに引力が存在していることとしている。そのダークマターが、全宇宙の物質エネルギーのうち、なんと、4分の1近くを占めるといわれている（前頁図参照）。現在、宇宙で検出されている水素やヘリウムなどのすべての元素の割合がわずか4％であるのに比べると、ダークマターの比率ははるかに多い。残りは、前述した宇宙のインフレーションの源になる「ダークエネルギー」といわれる。宇宙の大部分は、謎の素材でできているといってよい。

このようなダークマター、ダークエネルギーとはいったい何なのか？　それはどのように検出できるのか？　このようなことは、現在、まだ仮説が乱立している状態で、研究の途上にあるらしい。

ダークマターそのものは、先述した「余剰次元」に存在し、引力だけがこの三次元に〝漏れている〟という説をいう科学者もいる（ホーキングなど）。三次元にある重力が「余剰次元」に漏れて弱くなっているのと逆である。パーセントの数値から単純に言えば、この三次元よりも、むしろ「余剰次元」のほうに重心があるのが大宇宙である、などという仮説が成り立つかもしれない。

さらに、「超弦理論」でいわれる10次元やそれ以上の次元の概念は、いったい何を意味するのだろうか。幸福の科学では、3次元を超える次元については、各次元に明確な理念が対応づけられているのに比較すると（図参照）、「超弦理論」の次元は形式的な概念のように感じる。おそらく、超弦理論といえども、幸福の科学の高次元宇宙論（霊界宇宙論）には届

幸福の科学における多次元宇宙の構造

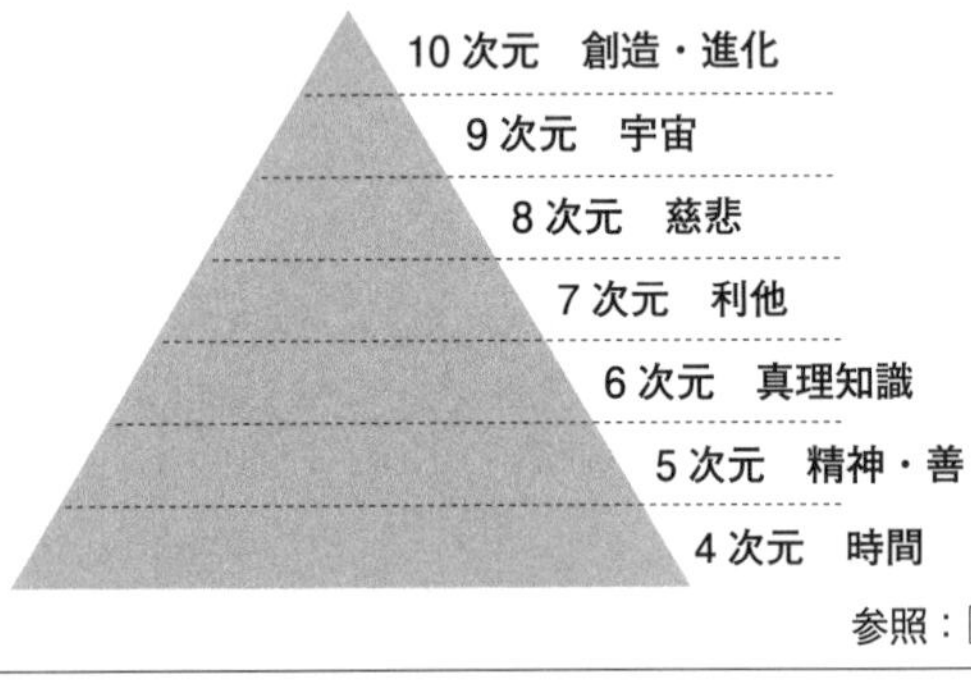

参照：『太陽の法』

いていないのではないかと思われる。

例えば、4次元の要素として加わっているものとして「時間」があり、「異なる時間が同一場所に存在する」ということが『太陽の法』（第1章5節）に示されている。時間は、物理学でも扱う要素であるけれども、過去のある時間と現在とが重なる、「循環時間」のような現象や、複数の時間が重なるような現象については、物理学ではほとんど議論にも上がっていないのではないか。

『太陽の法』では5次元の要素として「精神性」や「善」が示されているが、「精神性」や「善」を表す数学モデルは皆無だろう。さらに上の次元の要素については、いわずもがなである。

宗教の先進性に科学が追いつくのは、何世紀もかかるのではないかと思われる。

新しい宇宙理論への期待② 時間論

次は「時間論」である。

大川総裁は、『黄金の法』で、時間論とはすべてを包含するものだと述べている。

あなたがたが考えつく限りのすべてのものを、すなわち、善も悪も、美も醜も、真も偽も、ありとあらゆるものを包含しつつ、時間というものは流れているのです。あの天の川の流れのなかに、さまざまな星の生命が光っているように、時間の流れのなかにも、個人の人生のすべての要素が、あるいは、人類の歴史のすべてが、一切合切が含まれているのだと言えます。

『黄金の法』18～19ページ

この時間論を宇宙理論との絡みで考えるならば、やはり「タイムマシンのパラドクス」に触れるべきだろう。

映画「バック・トゥ・ザ・フューチャー」（1985年公開）は、主人公マクフライがアインシュタインによく似た科学者の発明した自動車型のタイムマシン「デロリアン」に乗って、過去や未来に行くというSF映画である。

第1作では、マクフライが「両親の結婚前」という過去にタイムマシンで行くのだが、誤って未来を変えないように奮闘するというストーリーだった。マクフライの登場によって、将来、母親となる女性が、将来の息子である自分に出会い、惹かれてしまう。しかし、将来、父親となる弱気の男性と、母となる女性が結婚してもらわないと、未来が変わってしまい、自分が消えてしまうので、2人が結婚できるよう、将来の息子が、父親となる男性のために陰でお膳立てするという話である。

この映画では、タイムマシンで過去の歴史を変えてしまうと、その影響で現在が変わり、自分にも影響が現れるという考え方を前提としている。これは、時間をさかのぼって原因結果の法則（縁起の理法）の原因のところを変えてしまえば、結果も変え得るという考え方だ。しかし、映画のストーリーと反対のケースを突き詰めて考えるとおかしなことが起こる。もし両親の結婚を妨げてしまった場合、自分はどうなるのか。自分が消えたら、両親の結婚を妨げることができなくなり、そうすると両親は無事、結婚できるから、自分は存在することになり、という「時間のパラドックス」が起こる。別の表現では「親殺しのパラドックス」ともいわれる。

これに対して、①このようなパラドックスが生じてはならないから、過去にさかのぼることはできない、つまり、タイムマシンはできないという説。②パラドックスが存在することは根本的な原理を崩すことになるから、過去を変えた時点で時空が崩壊するという説。③現在、自分が生きているという事実がある以上、たとえタイムマシンで過去に行って、自分の親や先祖に影響を与えようと試みても、すべて必ず失敗し、不可能であるとする説。④もし、過去の歴史を変えた場合、そこから歴史が「枝分かれ」していき、自分が存在しているという歴史の他に、自分が存在していない歴史が並行して生まれるという説、などが考えられている。

このうち、思考停止している①説と、あまりにSF的な②説は除外されるのではないだろうか。歴史は変えられないという③説もあり得るが、これは、変わらない歴史と変わった歴史が並行して存在するという④説を考えれば、解決する。この④は並行宇宙論とか、パラレルワールドなどといわれる。そして、並行宇宙が多重に存在するという説も存在する。

幸福の科学でも、深遠な時間論が説かれている。先に触れた『黄金の法』にある、時間の流れのなかに人類の歴史のすべてが含まれているという記述からは、時間には流れというものが最初から存在しており、その流れのなかには、現在だけでなく、過去も未来も含まれていること、その流れのなかで、おそらく縁起の理法が成り立っていることが読み取れる。つまり、時間は1次元（直線）なのだが、流れ（方向性）のある1次元で、さらに、現在しか存在しないという1次元ではなく、過去も流れているし、未来も流れているという1次元なのである。そして、このように、時間の流れを離れたところから見る目がある、ということは、本当は、時間の次元が1次元ではないことをもまた、暗に示しているようにも思える。

実は、時間の流れがもう1つあるという並行宇宙というようなシンプルなモデルではなく、並行宇宙に相当するものが無数に存在するという説が、幸福の科学で最近、説かれた（『宇宙人のリーダー学を学ぶ』）。科学哲学をも超える壮大な時間論が、宗教には存在している。前節で述べた空間論と同様、科学が解明し、理論化して、宗教の真理に追いつくには、数世紀もかかるかもしれない。

以上、少し難しくなったかもしれないが、要するに、科学では分からないことが無数に存在するということである。このことは、ニュートンが語ったとされる次の言葉に象徴される（原，１９９１）。

私は自分が世間の人の目にどう見えるかは知らないが、私自身には、海辺で遊んでいる少年が、真理の大海はまったく未開のままで眼前に横たわっているのに、ときおり、普通よりもなめらかな石や、普通よりも美しい貝殻を見つけて、楽しんでいるようなものにすぎなかったように思われる。

真理を知れば知るほど、大海の大きさが分かり、謙虚にならざるを得ない。一流の科学者ほど、そのことを痛切に感じていたに違いない。そのような人をまた、「天才」というのかもしれない。

科学における2つのベクトル

最後に、技術なども含む幅広い意味の科学の方向性について、考えてみたい。

科学の方向には、大きく2つのベクトルがあるように思う。

1つは、第2章で述べたような、「世の中をよくする方向」である。人類の幸福追求を支援する方向で、さまざまな創意工夫をし、世の中を便利にしていく方向である。

これは、エジソンがいう「愛」だ。2013年3月にエジソンの霊言を収録した

『トーマス・エジソンの未来科学リーディング』では、次のような発言が紹介されている。

（発明が）いかに広がって、人類全体の喜び、幸福になって、世界の付加価値の総量を増やしていくか。これに役立った発明は、やはり影響が大きいね。それがどこまであるかだ。細かいものを発明することは、できるとは思うんだけどな。

だから、本当に、単なる個人的な興味・関心だけでは済まないところがあり、発明のもとになるものとして、「人類に対し、白熱電灯のごとく光を与えたい！」という希望が必要だな。

そういうものが、やはり要るから、発明のもとになるものは「愛」なんだよ、君。宗教的には「愛」なんだ。広い愛なのよ。

『トーマス・エジソンの未来科学リーディング』24ページ

「愛」という視点で考えていけば、人類の危機を救済する技術の開発なども「世の中をよくする方向性」に含まれるだろう。

経営的にいえば、「付加価値の創造」や「ニーズ対応」に相当する。多くの人を益することだ。この方向の科学は富につながり、富はさらなる研究開発を可能にするから、繁栄の循環をもたらすことになる。

もう1つのベクトルは、「科学的真理の探究の方向」である。

「空間とは何か」「時間とは何か」「真理とは何か」を解明していく方向である。未知なるものの探究、新しい現象の「発見」や、純粋な数学や理論物理学などもこの方向性に含まれる。

これは、神の創られた世界を明らかにしていく方向といってもよいだろう。

2つのベクトルは、仏教でいう「上求菩提《じょうぐぼだい》と下化衆生《げけしゅじょう》」と同じである。

「上求菩提・下化衆生」という言葉があります。要するに、上に向かっては悟りを限りなく求め（上求菩提）、下に向かっては1人でも多くの人を救おう（教化しよう）とする（下化衆生）ということです。仏教の根本精神はここに尽きているわけです。

『悟りの挑戦（下巻）』87ページ

科学的真理探究の方向が「上求菩提」、世の中を益する方向が「下化衆生」に相当する。これは、仏教の歴史でいえば、小乗仏教と大乗仏教にも当たる。

科学のあり方も、この2つの方向を大きなベクトルとして持つ必要がある。

仏教的精神を根本とする幸福の科学では、この2つのベクトルを両立させつつ、活動している。

科学においても、宗教と融合しながら、この2つのベクトルを進むべきではないだろうか。

たとえニーズがあるからといって、人間の欲望増大や堕落につながるような技術や、特定の国家の覇権主義を実現化するための殺戮《さつりく》兵器などには、人類の真の幸福の観点から進むべきではない。

逆に、真理探究を特権のように振りかざし、啓蒙活動や教育、技術移転等をおざなりにしすぎるのも、適切ではない。

宗教と科学が融合した未来科学とは、このような2つのベクトルを見事に融合したなかに発展していくのではないかと考える。

あとがき

かなり飛躍した内容も入れ込みましたが、これらは必ずしも「幸福の科学大学」ですぐに研究しようとするテーマではありません。むしろ、まだ秘密のベールに隠されていると思っていただいたほうが正確でしょう。

また、もし、本書で何らかの発想や研究のヒントを得ることができた方がおられたなら幸いです。どんどん使っていただいて構いません。もともと、本書にあるアイデアは、幸福の科学で説かれる教えや「霊言」に負うところが大きく、ニュートンの言葉を借りれば、「巨人の肩に乗って」見えてきたものです（「乗って」というのは大変、不敬な表現ですが）。

おそらく、「幸福の科学大学」に集ってきてくださる教員の方々や、これから大学に入学してくる「アデプト（adept 目覚めた者）」となるべき学生たちのなかから、もっと数多くの素晴らしい発想や、予想外の天才的発明・発見が生まれ、フロンティアが拓かれるはずでしょう。青色ＬＥＤ（発光ダイオード）のノーベル賞受賞はうれしいニュースでしたが、さらに世界の未来はますます輝いていくことと思います。

神の別名「ザ・クリエイター」の力が最も及ぶ場が始動し、多くの仲間とともに、新しい時代の幕開けの瞬間に立ち会うことができるのは、この上なく幸福なことです。

このような機会を与えて下さった大川隆法総裁に心より感謝いたします。

２０１４年10月10日

学校法人幸福の科学学園

幸福の科学大学準備室副室長

近藤海城

参考文献

第1章

大川隆法．（2013）．新しき大学の理念．幸福の科学出版．

――――．（2011）．太陽の法．幸福の科学出版．

――――．（2011）．黄金の法．幸福の科学出版．

――――．（2011）．永遠の法．幸福の科学出版．

――――．（2013）．公開霊言 ガリレオの変心．幸福の科学出版．

――――．（2014）．小保方晴子さん守護霊インタビュー　それでも「STAP細胞」は存在する．幸福の科学出版．

――――．（2013）．「未来産業学」とは何か．幸福の科学出版．

――――．（2005）．神秘の法．幸福の科学出版．

――――．（2014）．湯川秀樹のスーパーインスピレーション．幸福の科学出版．

――．（2014）．未来にどんな発明があるとよいか．幸福の科学出版．

――．（2010）．創造の法．幸福の科学出版．

ディクソン，トマス．（2013）．科学と宗教．中村圭志　訳．丸善出版．

ニュートン．（1983）．光学．（島尾永康　訳）．岩波文庫．

湯川秀樹．（1982）．天才の世界．小学館．

ヘルマンス，ウィリアム．（2000）．アインシュタイン、神を語る．（雑賀紀彦　訳）．工作舎．

フランクリン，ベンジャミン．（1957）．フランクリン自伝．（松本慎一＋西川正身　訳）．岩波文庫．

ケインズ，J・M．（1959）．人物評伝．（熊谷尚夫＋大野忠男　訳）．岩波現代叢書．

第2章
大川隆法．（2014）．未来にどんな発明があるとよいか．幸福の科学出版．
――．（2013）．「未来産業学」とは何か．幸福の科学出版．

――――．（2010）．創造の法．幸福の科学出版．

――――．（2014）．ロケット博士・糸川英夫の独創的「未来科学発想法」．幸福の科学出版．

――――．（2014）．湯川秀樹のスーパーインスピレーション．幸福の科学出版．

――――．（2011）．黄金の法．幸福の科学出版．

辻野晃一郎．（2013）．グーグルで必要なことは、みんなソニーが教えてくれた．新潮文庫．

水野操．（2013）．3Dプリンターで世界はどう変わるのか．宝島新書．

大下英治．（2011）．「超小型原子炉」なら日本も世界も救われる！．ヒカルランド．

白石拓．（2014）．別冊宝島2199号　バイオミメティクスの世界．宝島社．

カク，ミチオ．（2012）．2100年の科学ライフ．（斉藤隆央　訳）．NHK出版．

林宏樹．（2013）．近代マグロの奇跡．新潮文庫．

ブラウン，ダン．（2014）．天使と悪魔．（越前敏弥　訳）．角川文庫．

第3章

大川隆法．（２０１４）．もし湯川秀樹博士が幸福の科学大学「未来産業学部長」だったら何と答えるか．幸福の科学出版．

――――．（２０１１）．太陽の法．幸福の科学出版．

――――．（２００１）．奇跡の法．幸福の科学出版．

――――．（２００３）．信仰を深めるために．幸福の科学．

――――．（２０１３）．トーマス・エジソンの未来科学リーディング．幸福の科学出版．

――――．（２０１３）．Ｈ・Ｇ・ウェルズの未来社会透視リーディング．幸福の科学出版．

――――．（２０１０）．創造の法．幸福の科学出版．

――――．（１９９８）．伝道論．幸福の科学．

――――．（２０１１）．黄金の法．幸福の科学出版．

――――．（２０１４）．宇宙人のリーダー学を学ぶ．幸福の科学．

――――．（１９９４）．悟りの挑戦（下巻）．幸福の科学出版．

藤原正彦．（２０００）．心は孤独な数学者．新潮文庫．

バカン，ジェイムズ．（２００９）．真説アダム・スミス．（山岡洋一　訳）．日経ＢＰ社．

入矢義高＋溝口雄三＋末木文美士＋伊藤文生　訳注．（１９９２）．碧巌録（上）．岩波文庫．

湯川秀樹．（１９８２）．天才の世界．小学館．

河合隼雄．（１９８６）．宗教と科学の接点．（岩波書店）．

河辺六男編．（１９７９）．ニュートン．ニュートン　世界の名著31．中央公論社．

ニュートン．（１９８３）．光学．（島尾永康　訳）．岩波文庫．

渡辺正雄．（１９８７）．科学者とキリスト教．講談社．

Newton　第34巻第5号：２０１４年5月号．パラレル宇宙論．ニュートン　プレス．

佐藤勝彦．（２０１０）．インフレーション宇宙論．講談社（ブルーバックス）．

原仙作．（１９９１）．英文標準問題精講．旺文社．

※『聖書』については、『文語訳　新約聖書　詩篇付』（岩波文庫）『聖書　新共同約　旧約聖書続編つき』（日本聖書協会）を参照。

著者＝ **近藤海城**（こんどう・かいじょう）

1959年生まれ。愛知県出身。東京大学大学院工学系研究科電子工学専攻修了。工学修士、修士（文学）。通産省工業技術院電子技術総合研究所を経て、1989年に幸福の科学に奉職。専務理事兼事務局長、常務理事兼指導局長、箱根精舎館長、求道館館長などを歴任し、現在、学校法人幸福の科学学園大学設立準備室副室長。主な論文に「『仏陀再誕』の予言について」「釈尊の伝道について」（『人間幸福学研究』）など。

著者連絡先
kaijo.kondo@happy-science.ac.jp

フロンティアを拓く未来技術

― 幸福の科学大学が目指す新たなステージ―

2014 年 10 月 22 日　初版第 1 刷

著　者　近藤 海城
発行者　本地川 瑞祥
発行所　幸福の科学出版株式会社
〒 107-0052　東京都港区赤坂 2 丁目 10 番 14 号
TEL（03）5573-7700
http://www.irhpress.co.jp/

印刷・製本　株式会社 堀内印刷所

落丁・乱丁本はおとりかえいたします

ISBN978-4-86395-571-4 C0030

写真提供 ：アフロ

幸福の科学「大学シリーズ」

湯川秀樹のスーパーインスピレーション

無限の富を生み出す「未来産業学」

イマジネーション、想像と仮説、そして直観──。日本人初のノーベル賞を受賞した天才物理学者が語る、未来産業学の無限の可能性とは。

1,500円

もし湯川秀樹博士が幸福の科学大学「未来産業学部長」だったら何と答えるか

食料難、エネルギー問題、戦争の危機……。21世紀の人類の課題解決のための「異次元アイデア」が満載！ 未来産業はここから始まる。

1,500円

未来にどんな発明があるとよいか

未来産業を生み出す「発想力」

日常の便利グッズから宇宙時代の発明まで、「未来のニーズ」をカタチにするアイデアの数々。その実用性と可能性を分かりやすく解説する。

1,500円

ロケット博士・糸川英夫の独創的「未来科学発想法」

航空宇宙技術の開発から、エネルギー問題や国防問題まで、「逆転の発想」による斬新なアイデアを「日本の宇宙開発の父」が語る。

1,500円

幸福の科学「大学シリーズ」

新しき大学の理念

「幸福の科学大学」がめざす
ニュー・フロンティア

2015年、開学予定の「幸福の科学大学」。日本の大学教育に新風を吹き込む「新時代の教育理念」とは? 創立者・大川隆法が、そのビジョンを語る。

1,400円

「経営成功学」とは何か

百戦百勝の新しい経営学

経営者を育てない日本の経営学!? アメリカをダメにしたMBA――!? 幸福の科学大学の「経営成功学」に託された経営哲学のニュー・フロンティアとは。

1,500円

「人間幸福学」とは何か

人類の幸福を探究する新学問

「人間の幸福」という観点から、あらゆる学問を再検証し、再構築する――。数千年の未来に向けて開かれていく学問の源流がここにある。

1,500円

「未来産業学」とは何か

未来文明の源流を創造する

新しい産業への挑戦――「ありえない」を、「ありうる」に変える! 未来文明の源流となる分野を研究し、人類の進化とユートピア建設を目指す。

1,500円

※表示価格は本体価格(税別)です。

幸福の科学「大学シリーズ」

新しき大学と ミッション経営

九鬼一著

出版不況のなか、２年間で売上５割増、経常利益 2.7 倍を成し遂げた著者が語るミッション経営の極意。経営を成功させるための「心」の使い方を明かす。

1,200 円

幸福の科学大学の目指すもの

ザ・フロンティア・スピリット

九鬼一著

既存の大学に対する学生の素朴な疑問、経営成功学部とMBAの違い、学問の奥にある「神の発明」など、学問の常識を新しくする論点が満載。

1,200 円

大学教育における 信仰の役割

九鬼一著

宗教教育だからこそ、努力を惜しまない有用な人材を育てることができる。著者と４人の学生が、未来を拓く教育について熱く議論を交わした座談会を収録。

1,200 円

実戦英語仕事学

木村智重著

国際社会でリーダーになるために欠かせない「実戦英語」の習得法を、大手銀行の国際エリートビジネスマンの経歴を持つ幸福の科学学園理事長・木村智重が明かす。

1,200 円

※表示価格は本体価格（税別）です。

知的幸福整理学

「幸福とは何か」を考える

黒川白雲著

世界的に流行りを見せる「幸福論」を概観し、膨大な「幸福学」を一冊でざっくり整理。最終結論としての幸福の方法論を示す。

1,200円

比較幸福学の基本論点

偉人たちの「幸福論」を学ぶ

黒川白雲著

「幸福論」シリーズ(ソクラテス、キリスト、ヒルティ、アラン、孔子、ムハンマド、釈尊)を一気に解説し、偉人たちの「幸福論」を深く理解するための"ガイドブック"。

1,200円

人間とは何か

幸福の科学教学の新しい地平

黒川白雲著

哲学、心理学、生物学の博士らとの対談を通じ、最先端の学問的研究から、唯物論、進化論の矛盾を明確化。人間機械論の迷妄を打ち砕き、新しい「人間の定義」を示す。

1,200円

「未知」への挑戦

幸福の科学大学が拓く新しい夢

福井幸男著

通産省・筑波大でのユニークな研究で知られる著者が示す「教育の理想」「科学の未来」とは。根っからの研究者が語る「クリエイティブ・スピリット」。

1,100円

Noblesse《ノーブレス》 Oblige《オブリージ》

「高貴なる義務」を果たす、
「真のエリート」を目指せ。

幸福の科学学園
中学校・高等学校（那須本校）

Happy Science Academy Junior and Senior High School

私は、
教育が人間を創ると
信じている一人である。
若い人たちに、
夢とロマンと、精進、
勇気の大切さを伝えたい。
この国を、全世界を、
ユートピアに変えていく力を
出してもらいたいのだ。

（幸福の科学学園 創立記念碑より）

幸福の科学学園 創立者
大川隆法

幸福の科学学園（那須本校）は、幸福の科学の教育理念のもとにつくられた、男女共学、全寮制の中学校・高等学校です。自由闊達な校風のもと、「高度な知性」と「徳育」を融合させ、社会に貢献するリーダーの養成を目指しており、2014年4月には開校四周年を迎えました。

Noblesse《ノーブレス》 Oblige《オブリージ》

「高貴なる義務」を果たす、
「真のエリート」を目指せ。

2013年 春 開校

幸福の科学学園
関西中学校・高等学校

Happy Science Academy
Kansai Junior and Senior High School

私は日本に
真のエリート校を創り、
世界の模範としたい
という気概に満ちている。
『幸福の科学学園』は、
私の『希望』であり、
『宝』でもある。
世界を変えていく、
多才かつ多彩な人材が、
今後、数限りなく
輩出されていくことだろう。

（幸福の科学学園関西校 創立記念碑より）

幸福の科学学園 創立者
大川隆法

滋賀県大津市、美しい琵琶湖の西岸に建つ幸福の科学学園（関西校）は、男女共学、通学も入寮も可能な中学校・高等学校です。発展・繁栄を校風とし、宗教教育や企業家教育を通して、学力と企業家精神、徳力を備えた、未来の世界に責任を持つ「世界のリーダー」を輩出することを目指しています。

幸福の科学学園・教育の特色

「徳ある英才」の創造

教科「宗教」で真理を学び、行事や部活動、寮を含めた学校生活全体で実修して、ノーブレス・オブリージ（高貴なる義務）を果たす「徳ある英才」を育てていきます。

体育祭

天分を伸ばす「創造性教育」

教科「探究創造」で、偉人学習に力を入れると共に、日本文化や国際コミュニケーションなどの教養教育を施すことで、各自が自分の使命・理想像を発見できるよう導きます。さらに高大連携教育で、知識のみならず、知識の応用能力も磨き、企業家精神も養成します。芸術面にも力を入れます。

探究創造科発表会

一人ひとりの進度に合わせた「きめ細やかな進学指導」

熱意溢れる上質の授業をベースに、一人ひとりの強みと弱みを分析して対策を立てます。強みを伸ばす「特別講習」や、弱点を分かるところまでさかのぼって克服する「補講」や「個別指導」で、第一志望に合格する進学指導を実現します。

授業の様子

自立心と友情を育てる「寮制」

寮は、真なる自立を促し、信じ合える仲間をつくる場です。親元を離れ、団体生活を送ることで、縦・横の関係を学び、力強い自立心と友情、社会性を養います。

毎朝夕のお祈りの時間

幸福の科学学園の進学指導

1 英数先行型授業

受験に大切な英語と数学を特に重視。「わかる」(解法理解)まで教え、「できる」(解法応用)、「点がとれる」(スピード訓練)まで繰り返し演習しながら、高校三年間の内容を高校二年までにマスター。高校二年からの文理別科目も余裕で仕上げられる効率的学習設計です。

2 習熟度別授業

英語・数学は、中学一年から習熟度別クラス編成による授業を実施。生徒のレベルに応じてきめ細やかに指導します。各教科ごとに作成された学習計画と、合格までのロードマップに基づいて、大学受験に向けた学力強化を図ります。

3 基礎力強化の補講と個別指導

基礎レベルの強化が必要な生徒には、放課後や夕食後の時間に、英数中心の補講を実施。特に数学においては、授業の中で行われる確認テストで合格に満たない場合は、できるまで徹底した補講を行います。さらに、カフェテリアなどでの質疑対応の形で個別指導も行います。

4 特別講習

夏期・冬期の休業中には、中学一年から高校二年まで、特別講習を実施。中学生は国・数・英の三教科を中心に、高校一年からは五教科でそれぞれ実力別に分けた講座を開講し、実力養成を図ります。高校二年からは、春期講習会も実施し、大学受験に向けて、より強化します。

5 幸福の科学大学(仮称・設置認可申請中)への進学

二〇一五年四月開学予定の幸福の科学大学への進学を目指す生徒を対象に、推薦制度を設ける予定です。留学用英語や専門基礎の先取りなど、社会で役立つ学問の基礎を指導します。

授業の様子

詳しい内容、パンフレット、募集要項のお申し込みは下記まで。

幸福の科学学園 関西中学校・高等学校

〒520-0248
滋賀県大津市仰木の里東2-16-1
TEL.077-573-7774
FAX.077-573-7775
[公式サイト]
www.kansai.happy-science.ac.jp
[お問い合わせ]
info-kansai@happy-science.ac.jp

幸福の科学学園 中学校・高等学校

〒329-3434
栃木県那須郡那須町梁瀬 487-1
TEL.0287-75-7777
FAX.0287-75-7779
[公式サイト]
www.happy-science.ac.jp
[お問い合わせ]
info-js@happy-science.ac.jp

仏法真理塾

サクセスNo.1

未来の菩薩を育て、仏国土ユートピアを目指す！

サクセスNo.1 東京本校（戸越精舎内）

仏法真理塾「サクセスNo.1」とは

宗教法人幸福の科学による信仰教育の機関です。信仰教育・徳育にウエイトを置きつつ、将来、社会人として活躍するための学力養成にも力を注いでいます。

「「サクセスNo.1」のねらいには、「仏法真理と子どもの教育面での成長とを一体化させる」ということが根本にあるのです。」

大川隆法総裁　御法話『「サクセスNo.1」の精神』より

仏法真理塾「サクセスNo.1」の教育について

信仰教育が育む健全な心

御法話拝聴や祈願、経典の学習会などを通して、仏の子としての「正しい心」を学びます。

学業修行で学力を伸ばす

忍耐力や集中力、克己心を磨き、努力によって道を拓く喜びを体得します。

法友との交流で友情を築く

塾生同士の交流も活発です。お互いに信仰の価値観を共有するなかで、深い友情が育まれます。

●サクセスNo.1は全国に、本校・拠点・支部校を展開しています。

東京本校	TEL.03-5750-0747	FAX.03-5750-0737
名古屋本校	TEL.052-930-6389	FAX.052-930-6390
大阪本校	TEL.06-6271-7787	FAX.06-6271-7831
京滋本校	TEL.075-694-1777	FAX.075-661-8864
神戸本校	TEL.078-381-6227	FAX.078-381-6228
西東京本校	TEL.042-643-0722	FAX.042-643-0723
札幌本校	TEL.011-768-7734	FAX.011-768-7738
福岡本校	TEL.092-732-7200	FAX.092-732-7110
宇都宮本校	TEL.028-611-4780	FAX.028-611-4781
高松本校	TEL.087-811-2775	FAX.087-821-9177
沖縄本校	TEL.098-917-0472	FAX.098-917-0473
広島拠点	TEL.090-4913-7771	FAX.082-533-7733
岡山本校	TEL.086-207-2070	FAX.086-207-2033
北陸拠点	TEL.080-3460-3754	FAX.076-464-1341
大宮本校	TEL.048-778-9047	FAX.048-778-9047
仙台拠点	TEL.090-9808-3061	FAX.022-781-5534
熊本拠点	TEL.080-9658-8012	FAX.096-213-4747

全国支部校のお問い合わせは、サクセスNo.1東京本校（TEL. 03-5750-0747）ま

メール info@success.irh.jp

エンゼルプランV

信仰教育をベースに、知育や創造活動も行っています。

信仰に基づいて、幼児の心を豊かに育む情操教育を行っています。また、知育や創造活動を通して、ひとりひとりの子どもの個性を大切に伸ばします。お母さんたちの心の交流の場ともなっています。

TEL 03-5750-0757　FAX 03-5750-0767
メール angel-plan-v@kofuku-no-kagaku.or.jp

ネバー・マインド

不登校の子どもたちを支援するスクール。

「ネバー・マインド」とは、幸福の科学グループの不登校児支援スクールです。「信仰教育」と「学業支援」「体力増強」を柱に、合宿をはじめとするさまざまなプログラムで、再登校へのチャレンジと、進路先の受験対策指導、生活リズムの改善、心の通う仲間づくりを応援します。

TEL 03-5750-1741　FAX 03-5750-0734
メール nevermind@happy-science.org

ユー・アー・エンゼル！（あなたは天使！）運動

障害児の不安や悩みに取り組み、ご両親を励まし、勇気づける、障害児支援のボランティア運動です。学生や経験豊富なボランティアを中心に、全国各地で、障害児向けの信仰教育を行っています。保護者向けには、交流会や、医療者・特別支援教育者による勉強会、メール相談を行っています。

TEL 03-5750-1741　FAX 03-5750-0734
メール you-are-angel@happy-science.org

シニア・プラン21

生涯反省で人生を再生・新生し、希望に満ちた生涯現役人生を生きる仏法真理道場です。週1回、開催される研修には、年齢を問わず、多くの方が参加しています。現在、全国8カ所（東京、名古屋、大阪、福岡、新潟、仙台、札幌、千葉）で開校中です。

東京校 TEL 03-6384-0778　FAX 03-6384-0779
メール senior-plan@kofuku-no-kagaku.or.jp